Helmut Büngers

„SAG' MIR, WOHIN GEHST DU?"

– Lebensstationen –

D1724992

Impressum:

2000
© by Bernardus-Verlag Langwaden
   Alle Rechte vorbehalten

Umschlag:
Zander Grafic Design & Beratung, Neuss

Zisterzienserkonvent Langwaden
Bernardus-Verlag
Satzstudio M. Brand
Kloster Langwaden
D-41516 Grevenbroich
Tel.: 0 21 82 / 88 02 - 28
Fax: 0 21 82 / 88 59 13

Druck:
Druck und Verlag Mainz
Süsterfeldstraße 83
52072 Aachen

ISBN 3-934551-13-0

Helmut Büngers

„SAG' MIR, WOHIN GEHST DU?"

– Lebensstationen –

Bernardus-Verlag
Langwaden

Inhaltverzeichnis

Ein Wort zuvor ...

Mein früherer Mitarbeiter, Helmuth Kappes von Hannover (1971 - 1974), hat mich immer wieder gebeten: „Schreiben Sie Ihre Biografie!"

Diese Bitte brachte er sogar noch kurz vor seinem Tode in Erinnerung. Am 30. August 1999 ist er im Alter von 56 Jahren verstorben. – Ich konnte mich dieser Bitte nicht mehr verwehren.

Besonderen Dank gilt Frau Meng-Bäumgen für ihre Umsicht und Mühen bei der Erstellung des Manuskripts.
In gleicher Weise gebührt mein Dank dem Verlagsleiter des Bernardus-Verlags, Herrn Dr. Frank Erich Zehles, seinen Mitarbeitern Frau Brand und Herrn Stöber, für die verlegerische Betreuung dieser Arbeit.
Aufrichtigen Dank sage ich meiner Frau Anita, den Kindern Ruth, Judith und David, die mich während der ganzen Zeit mit gleichbleibender Geduld begleiteten und einen wesentlichen Anteil am Zustandekommen meiner „Lebensstationen" haben.
Dem Abt von Marienstatt, Dr. Thomas Denter OCist, gilt nicht nur Dank wegen seiner Einstimmung in meine „Stationen", sondern auch, weil er mir einfühlsam nahe gebracht hat, was St. Benedikt im Vorwort seiner Regel schreibt: „Höre, mein Sohn, auf die Lehren des Meisters und neige das Ohr deines Herzens; nimm die Mahnung des gütigen Vaters willig an und erfülle sie durch die Tat!" –
Der Abt und seine Mitbrüder haben mir nicht nur die Tore der Abtei seit 40 Jahren geöffnet, sondern auch ihre Herzen. –

Am 30. März 2000 schickte ich das Manuskript an den Verlag; am 31. März drohte mein Herz im wahrsten Sinne des Wortes „stillzustehen"! Ich wurde sofort in die Klinik eingewiesen ... Nach sorgfältigen Untersuchungen durch das Ärzteteam im Kreiskrankrankenhaus Mechernich konnte ich jetzt wieder heimkehren.
Seit dieser Stunde geht mir der Text „Die Uhr" von Johann Gabriel Seidl nicht mehr aus dem Sinn:

„Ich trage, wo ich gehe,
stets eine Uhr bei mir.
Wieviel es geschlagen habe,
genau seh ich's an ihr.

Es ist ein großer Meister,
der künstlich ihr Werk gefügt,
wenn gleich ihr Gang nicht immer
dem törichten Wunsche genügt.
Ich wollte, sie wäre rascher
gegangen an manchem Tag,
ich wollte, sie hätte manchmal
verzögert den raschen Schlag.

In meinen Leiden und Freuden,
im Sturm und in der Ruh,
was immer geschah im Leben,
sie pochte den Takt dazu.

Sie schlug am Sarge des Vaters,
sie schlug an des Freundes Bahr',
sie schlug am Morgen der Liebe,
sie schlug am Traualtar.

Und war sie auch manchmal träge
und drohte zu stocken ihr Lauf,
so zog der Meister immer
großmütig sie wieder auf.

Doch stünde sie einmal stille,
dann wär's um sie geschehn,
kein anderer, als der sie fügte,
bringt die Zerstörte zum Gehn'.

Dann müßte ich zum Meister wandern,
der wohnt am Ende wohl weit,
wohl draußen jenseits der Erde,
wohl dort in der Ewigkeit.

Dann gäb' ich sie ihm zurücke
mit dankbar kindlichem Fleh'n:
Sieh, Herr, ich hab' nichts verdorben:
sie blieb von selber stehn."

Kall, In der Peterhütte, Mai 2000, Helmut Büngers

MIT AUF DEN WEG GEGEBEN

Die Lebensstationen von Dr. Helmut Büngers sind vielfältig; einzelne Stationen waren nicht, zumindest nicht so, geplant, aber gefügt – von Gott gefügt.

Sie waren vielfältig und verschiedenartig, aber alle und je einzeln fügen sie sich ein bzw. bestimmen sie sein Leben, machen schließlich „den Büngers" aus; sie lassen Tiefe und vielfache Begabung gleichermaßen deutlich werden.

Und hinter allem, „tiefer" würde Herr Büngers sagen, liegt der „wahre Büngers", der „tiefer" sieht, „tiefer" lebt – ja ich wage es zu sagen „der Mönch in Helmut Büngers".

So nämlich habe ich ihn kennen und schätzen gelernt während zahleicher Gastaufenthalte und Gespräche in unserer Abtei, wo er Stille und Ruhe suchte, wie auch bei der Gestaltung und Durchführung von Bildungsveranstaltungen und Seminaren, an denen ich mitwirken durfte.

Was ist ein Mönch?
Zunächst ist er ein ganz in Gott verankerter, Gott in allem suchender Mensch. Von Gott her deutet er sein Leben, auf Gott hin lebt er sein Leben. Er ist wahrhaft ein „homo religiosus".

Diese Grundeinstellung ist im Leben von Helmut Büngers greifbar und erfahrbar; sein Leben wird so zum Glaubenszeugnis, zum Zeugnis für Gott. Spuren Gottes nämlich sind in sein Leben „eingefurcht", Fäden eingewoben. Sie alle zu „erspüren", zu suchen, auf „Spurensuche" zu gehen, prägt sein Denken, Beten und Arbeiten in benediktinisch-monastischer Lebenshaltung. Um intensiver auf Gottes Anruf und Wort zu lauschen, in sich selber hineinzulauschen, sucht er immer wieder die Stille, oft die unserer Abtei Marienstatt. Diese Stille war und ist für ihn nicht drohende Leere, sondern Voraussetzung für dichte und authentische Gotteserfahrung wie auch Selbsterfahrung. „Sag' mir, wohin gehst Du?"

Was ist ein Mönch?
Ein für das Leben höchst sensibilisierter Mensch. Ein Mensch, der mehr fühlt und erfährt, als er begreift und rational analysiert; ein Mensch, der einem Geheimnis auf der Spur ist, dem Geheimnis seines Lebens.

Diese Sensibilität lässt immer neue Fragen zu und lässt immer mehr Fragen auch offen, offen für den Einbruch Gottes in den Erfahrungen des Alltags. Sie eröffnet eine tiefere Erfahrensweise von Gutem und Bösem, von Freude und Schmerz, von Leid und Mitleid. Sie macht nicht nur fühlsam und einfühlsam, sie macht auch in höchstem Maße verletzlich und verwundbar. So gibt es dann auch Wunden, die zwar heilen, aber eher nur oberflächlich, sie vernarben nur.

Der Schmerz bleibt, wenn auch ohne Bitterkeit; doch auch vergebener Schmerz bleibt erfahrener Schmerz. Und so manchen Schmerz trägt Herr Büngers tief in seinem Innersten mit sich, nicht grollend, aber doch an so manchem leidend ... an den Menschen ... an der Kirche ... an ... an ... Es steht teils in den Zeilen, mehr noch zwischen den Zeilen, aber sicher tief in seiner Seele.

Aus diesen Quellen gespeist, war natürlich die Arbeit von Herrn Büngers in vielen Belangen „anders".

Ich denke da vor allem an die Seminare. Sie waren immer ein religiöses Erlebnis, bereicherten nicht so sehr an Wissen, das natürlich auch, als vielmehr an Weisheit, Lebensweisheit und religiöser Erfahrung. Solche Tage waren intensive Glaubenstage, Stationen der Gottesbegegnung. Dazu vermittelten sie immer Hoffnung und Zuversicht gerade auch in die Zukunft, die als „Zukunft Gottes" nur eine gute sein kann. Sie waren gleichsam eine Antwort auf die Frage: „Sag' mir, wohin gehst Du?"

Und Helmut Büngers war nicht so sehr Organisator und Leiter, was er übrigens minutiös in hervorragender Weise war, er war „geistlicher Vater"; ich darf das Wort hier gebrauchen, weil es wieder ins Mönchsein führt, er war geradezu ein „Abbas – Abt" für viele Teilnehmer, ein Orientierungspunkt im aufmerksam zugewandten Hinhören, Trösten, Beraten und Ermutigen. Eines war er nie, gleich in welcher Position er war, „Funktionär"; und das tat allen gut, die mit ihm zusammenarbeiteten. Er war immer zuerst Mensch, Christ, Freund und Bruder, ja „Vater".

Doch sein von monastischen Idealen geprägtes Leben lebte er nicht als Mönch, sondern als Ehemann und Familienvater. Er konnte ganz so leben, er selbst sein, dank seiner Gattin, die ihn verstand, begleitete und seit der Heirat alle Lebensstationen mit ihm teilte.

So war und ist sein Leben immer wieder deutlich von Gott geprägt; er selbst sah sich jeweils von Gott gefordert und gerufen, Antwort zu geben. Er gab sie bzw. versuchte sie zu geben. Wie?

Die „Lebensstationen" machen es deutlich, vor allem für den Leser, der es versteht, hinter und zwischen den Zeilen zu lesen, „tiefer" zu lesen, würde Helmut Büngers sagen.

Wer sich darauf einlässt, entdeckt nicht so sehr eine „Lebens-Leistung", so deutlich sie auch zu Tage tritt, nein, er entdeckt vielmehr die Frucht eines Lebens. „An den Früchten erkennt" man allerdings den Menschen ...

Thomas Denter OCist
Abt von Marienstatt

Meine Kindheit

Am 2. September 1930 wurde ich in Dahlem/Eifel, einem kleinen über den damaligen Kreis Schleiden hinaus kaum bekannten Ort, geboren. Er liegt an der Bahnstrecke Bonn-Trier. Die Bundesstraße 51 führte damals mitten durch den Ort.

Eine nennenswerte Sehenswürdigkeit gibt es nicht; dagegen rahmen große Waldungen das Dorf ein. Für den Fremden ein unauffälliger Ort.

Was ist es nun, was mich nach fast 70 Jahren an dieser Heimatstätte festhält?

Das erste ist das Elternhaus.

Es trägt den Namen KIRCHE — bis heute heiße ich bei den Dahlemern immer noch „Kirche Helmut".

Später erwarben meine Eltern ein zweites Haus: PAUELZE. Heute bewohnt es meine Schwester Erika mit Familie. Wir waren eine große Familie mit zehn Kindern, davon verstarben drei im Kindesalter: Klaus, drei Monate; Christel, neun Monate und Erwin mit drei Jahren. Günther verstarb am 11.12.1996 mit 65 und Egon am 14.03.1998 mit 57 Jahren.

Das Kind

Die Sorgen und Nöte der Eltern galten stets den Kindern. Während des letzten Weltkrieges kannten wir keinen Hunger. Eine kleine Landwirtschaft erbrachte ausreichend Brot, Butter und Milch. Die große Last trug die Mutter. Mein Vater wurde in den letzten Jahren des Krieges mit seinem Lastkraftwagen in die Landwirtschaft nahe bei Paris verpflichtet.

Die drei Ältesten: Hilde, Günther und ich besuchten während des Krieges die Oberschule für Jungen und Mädchen in Schleiden bis 1944. Dann wurden wegen der immer näherrückenden Front alle Schulen geschlossen. Wir zogen in den letzten Monaten des Krieges nach Waldorf zu meinem Onkel Matthias auf den Bauernhof. Meine Mutter stammte von diesem Hof.

Erst 1946 war an eine Fortsetzung der Schulbildung zu denken. Hilde und Günther fuhren nach Euskirchen zum Gymnasium, und ich ging für ein Jahr nach Boppard in eine Klosterschule. Ich wollte Priester werden. Dieses Jahr prägte mich nachhaltig. Wir waren fünf Schüler, die auf eine entsprechende Klasse des städtischen Gymnasiums vorbereitet wurden.

Aus dieser Zeit habe ich den Latein- und Deutschlehrer, Pater Heinrich Gerlach, in guter Erinnerung. Er wußte meine Stärken zu entdecken und nicht bei den Schwächen stehenzubleiben.

Von F.-W. Förster stammt die Frage an Journalisten: „Was muß man kennen, um John Latein beizubringen?" Die Journalisten: „Latein, natürlich!" Förster dagegen meinte: „Sie müssen John kennen." Ja, Pater Gerlach kannte mich. Dieses wohltuende Lernklima habe ich während der gesamten Schulzeit nicht mehr erlebt.

Nach Boppard ging ich zum Emil-Fischer-Gymnasium nach Euskirchen. Hier erwarb ich die Mittlere Reife. Diesen Wechsel verkraftete ich nur schwerlich. Ich wollte weg von der Schule und einen praktischen Beruf erlernen. Das Klima war mir zu rauh. Nicht nur wegen der schlechten Leistungen, sondern auch, weil ich keine Freunde hatte.

Am Schultor verabschiedete mich mein damaliger Lateinlehrer Dr. Heinrich Renn: „Helmut, gib nicht auf!"

In Dahlem hatte ich auch keine Freunde. Zum Spielen blieb wenig Zeit. Während der Sommermonate hatte ich oft den Eindruck, daß Günther und ich bei der Heuernte im ganzen Dorf mithelfen mußten.

Eine Abwechslung gab es: Mein Fußballspiel in der ersten Mannschaft.

Viele Möglichkeiten, einen Beruf zu erlernen, gab es nicht. Meine Eltern und ich entschieden uns für ein Ingenieur-Studium. Nach den vorgeschriebenen Praktiken erhielt ich einen Studienplatz an den „Vereinigten Technischen Lehranstalten" in Koblenz.

Mit viel Fleiß und Ehrgeiz bestand ich am 25.02.1955 die Ingenieur-Vorprüfung.

Am 08.03.1955 verstarb meine Mutter mit 51 Jahren. Günther und ich waren in die Ferien gekommen. Während des Frühstücks fiel ihr plötzlich die Essgabel aus der Hand. Wir spotteten: „Mama, Du wirst älter."

Wir konsultierten sofort zwei Ärzte. Die Lage verschlechterte sich von Stunde zu Stunde. Am Abend nahm mich der Arzt, Dr. Bauer, zur Apotheke mit nach Stadtkyll. Dort ließ er mich stehen, und ich lief die fünf km nach Hause, so schnell ich vermochte; es war ein Wettlauf mit dem Tod. Als ich nach Hause kam, war Mutter bereits tot.

Diese Not, die jetzt unsere Familie traf, bestimmte alle weiteren Pläne.

Egon war gerade 13 Jahre, Erwin 15, Oswald 16 und Erika 19 Jahre alt.

Dieser plötzliche Tod lähmte mich ein ganzes Jahr. Dauernde Kopfschmerzen quälten mich.

Wir, die drei Ältesten, mußten, soweit wir vermochten, den Vater finanziell unterstützen. Die schwerste Last aber trug Erika. Sie sollte den großen Haushalt meistern. Im Laufe der Jahre begriff ich erst, warum Egon, Erwin und Oswald eine so dichte Beziehung zu Erika entwickelten. Spielte sie doch eine Art Ersatzmutter.

Aus diesem Dunkel befreiten wir uns allmählich. Jeder versuchte seinen Weg. Ich suchte überall nach Hilfe, um die Trauer zu bewältigen. Besonders Anita, wir waren seit 1951 befreundet, half mir, wo immer sie konnte. Bei ihr konnte ich mich ausweinen.

Ein Priester aus Köln gab mir zu bedenken, daß ich die Mutter 25 Jahre gehabt hätte, während die jüngeren Geschwister nur 13, 15 oder 19 Jahre.

Hilde, die Älteste von uns, unterstützte meinen Vater nicht nur finanziell. In der Trauerbegleitung ging sie an seiner Seite.

Durch die Aufenthalte an unterschiedlichen Studienorten waren meine Eltern in finanzielle Not geraten. Diese Schulden mußten zuerst beglichen werden.

Nach der Schlosserlehre bei meinem Vater im Betriebswerk

Jünkerath (DB) verließen auch die jüngeren Brüder das Elternhaus. Egon ging zur Bundeswehr nach Hannover. Hier lernte er seine Frau Jutta kennen und blieb dort bis zu seinem Tode. Oswald wurde nach Bremen eingezogen. Auch er lernte seine Frau Johanna kennen und blieb im Norden. Erwin leistete seine Bundeswehrzeit in Oldenburg ab. Ihn drängte es danach wieder in die Heimat.

Ich habe meine Mutter in guter Erinnerung. Viel Güte hat sie mir geschenkt. Das Haus war immer offen. Kein Bettler wurde abgewiesen.

Einmal konnte ich wegen vieler Klausuren für einen längeren Zeitraum nicht nach Hause kommen. Sie holte mich am Bahnhof ab, umarmte mich und weinte vor Freude. Diese innige Begrüßung auf offener Straße war mir peinlich. Sie: „Ich habe Dich doch so lange nicht mehr gesehen!" Es waren höchstens drei Wochen!

Mein Vater legte in der Erziehung strengere Maßstäbe an. Erst langsam begriff ich, die Last muß ihn überfordert haben.

Später erzählte er mir, daß er nicht mehr geheiratet habe, er war erst 56 Jahre alt, damit die große Familie zusammenbleiben sollte. Ein gut gemeinter Vaterwunsch. -

Er überließ das Haus Erika und blieb dort wohnen bis zu seinem Tod. Er ist 84 Jahre alt geworden. Über seine Gefühlswelt sprach er selten. Bei einem Besuch gestand er mir: „Du bist heute der erste, mit dem ich spreche." Es war schon am späten Nachmittag.

Welche Persönlichkeiten sind mir bis heute in Erinnerung geblieben? – Da ist zunächst der alte Mann aus dem Hause Baltes: Ich kann mich noch gut erinnern. Ich war Schüler in der Volksschule. Wenn der Angelus, „der Engel des Herrn", geläutet wurde und der alte Mann von seinen Feldarbeiten nach Hause kam, zog er seine Kappe ab und betete halblaut: „Der Engel des Herrn brachte Maria die Botschaft ..."

Unser Elternhaus steht gleich neben der Kirche. Mich hat diese Selbstverständlichkeit berührt. Vielleicht habe ich als Junge nur gegafft und nicht verstanden, was in diesem gläubigen Mann vor sich ging. Vielleicht habe ich von ihm gelernt, den Angelus zu beten. Sobald ich den ersten Glockenschlag heute höre, lege ich meinen Stift hin und halte inne. Jetzt bete ich mit dem alten Mann aus dem Hause Baltes den Angelus. Er schon längst vor dem Angesicht Gottes, ich noch unterwegs.

– Dechant Michael Jüsgen (1908-1948), 40 Jahre Pfarrer in Dahlem. Am 07.10.1948 verstarb er am Rosenkranzfest. Seine letzte Ruhestätte fand er in der Nähe der Friedhofskapelle. „Gönnt mir einen Platz neben dem großen Friedhofskreuz", bat er seine Pfarrgemeinde bei seiner Verabschiedung als Pfarrer, kurz vor seinem Tode.

Während meiner Schulzeit fand in der Regel sonntags vor der Nachmittagsandacht die „Christenlehre" statt. Dazu waren alle volksschulpflichtigen Kinder eingeladen. Es gab auch Erwachsene, die der Einladung folgten.

Eines Sonntags stellte der Dechant eine Frage, und keiner der anwesenden Kinder meldete sich. Die Frage selber habe ich nicht mehr behalten. Nach einigem Zögern faßte ich den Mut und zeigte auf. Der Dechant: „Ja, mein lieber Helmut weiß das." Meine Antwort muß ihn zufrieden gestellt haben. Er lobte mich vor der ganzen Gemeinde: „Das müßten eigentlich alle wissen. Danke, mein guter Junge," hat er gesagt.

Dieses Lob klingt in mir bis heute. Als einen guten Hirten behalte ich ihn in Erinnerung. Wie lange doch ein gutes Wort wirken kann.

– Dieses Erlebnis berichtete ich sofort zu Hause. Mein Vater legte Wert darauf, daß wir uns auf diese halbe Stunde Christenlehre vorbereiteten. Er ermahnte auch meinen jüngeren Bruder Günther, sich zu melden. Am nächsten Sonntag fragte ihn Vater prompt: „Günther, hast Du Dich gemeldet?" „Ja!" Der Dechant stellte eine Frage, beantwortete sie dann aber selber. Dann zu Günther: „Nicht wahr, Günther?" Günther: „Ja!"

– Professor Pater DDr. Peter Schmitz, geb. 1891, gestorben 1941. Steyler Pater, zuletzt Professor des Kirchenrechtes und der Soziologie in Wien/Mödling, der ordenseigenen Hochschule. Ich habe P. Peter Schmitz noch gekannt. Mein Vater erzählte mir den folgenden Lebensweg, den er von Wilhelm Schmitz, dem Bruder, wußte. Er war ein Klassenkamerad meines Vaters.

Eines Tages trägt Peter seiner Mutter seinen Berufswunsch vor. „Ich möchte Priester werden." Er war gerade 15 Jahre und aus der Volksschule entlassen. „Peter, das geht doch nicht. Du mußt mir helfen, die Familie zu ernähren." Der Vater war erst kürzlich verstorben. Peter ließ der Mutter keine Ruhe. Dann sucht sie den Rat beim Pfarrer des Ortes. Dieser hört sich alles an und rät der Mutter, den Wunsch von Peter nicht zu überhören. Er selber sagte zu, so gut wie möglich, sie zu unterstützen.

Peter geht zu den Steyler Missionaren. Nach 10 Jahren absolviert Peter seine Gymnasial-Studien, das Studium der Philosophie und der Theologie an der Päpstlichen Universität in Rom, promoviert wurde er zum Dr. phil. und Dr. theol. – Soweit die Geschichte von Wilhelm.

Er hat diese Lebensgeschichte aber nicht nur meinem Vater erzählt. Als Bahnvorsteher des Dahlemer Bahnhofs fragte er auch die Fahrgäste oft: „Kennen Sie meinen berühmten Bruder, Prof. DDr. Peter Schmitz, der heute in Wien lehrt?"

Ich habe nicht nur als Schüler diese außergewöhnliche Begabung bewundert, sondern auch später die Gotteserfahrung geahnt, die Peter zum Priester berufen hat.

Er war ein bescheidener Ordensmann. In den letzten Jahren habe ich sein Grab in Wien/Mödling besucht. Für alle Brüder und Ordensleute das gleiche Eisenkreuz, und wenige Blumen schmücken seine letzte Ruhestätte.

Ich bin an den Hörsälen vorbeigegangen, wo er gelehrt hat und bin in der Kirche gewesen, wo er gepredigt und gebetet hat. Seine letzte Predigt in Dahlem: „Ich wünsche den Dahlemern viele christliche Ehen ..."

Meine Kirche im Dorf

Es war im Jahre 1970. Eine kleine Gruppe von Fachleuten der Sozialarbeit machte unter der Leitung von Prof. Dr. Louis Lowy aus Boston die Ausbildung als Supervisor. Die Ausbildung dauerte mehrere Jahre. In diesem Jahr fand das Seminar im August-Pieper-Haus in Aachen statt. Durch die Initiative einer Kollegin hatten wir die Möglichkeit, eine Domführung mit Herrn Prälat Dr. Ing. Stephany zu erleben. Stephany war weit über die Grenzen der Stadt bekannt. Die Besichtigung war auf 22.00 h festgelegt. Pünktlich öffnete er die Pforte des Doms. Der Dom war nur durch eine Kerze erleuchtet. Je mehr er uns die Schätze des Doms erklärte, um so heller strahlte der Dom. Viele persönliche Erlebnisse gab er uns preis. Er gestand, daß er vieles noch nicht erklären konnte. Er sei aber so damit beschäftigt, daß er nachts davon träume. Im Traum fragte er dann Karl den Großen. „Manchmal gibt er mir eine Antwort, oft läßt er meine Fragen unbeantwortet."

Am Ende der Führung standen wir am Kaiserstuhl, und er verabschiedete uns. „Wenn Sie mir folgen konnten, müßten Sie jetzt beim Berühren der Säule so sensibel sein, daß Sie die Geschichte des Raumes erahnen." – Diesen Satz habe ich in mir bewahrt. Oft habe ich die Säulen vieler Dome berührt und an die Botschaft Stephanys gedacht. Auch in Dahlem, meiner Heimatpfarrei, habe ich die Säulen berührt.

Hier wurde ich getauft, ging mit zur Ersten Heiligen Kommunion und wurde auch hier gefirmt. Hier spürte ich die Geschichte der Menschen, die mich im Glauben angerührt haben. Ich erinnere mich, wenn an kirchlichen Feiertagen Männer des Kirchenchors singend und betend mit brennenden Kerzen in der Hand den Raum durchschritten. Oft sangen sie Texte in Latein. Sie waren sicher nicht alle der Sprache mächtig, aber Gott wird ihre Gebete und Gesänge gehört haben. Ich habe ihre Glaubensüberzeugung wahrgenommen. Sie haben vor uns gebetet, und wenn ich heute alleine dort stehe, ist es mir, als riefen sie mir zu: „Komm, reihe Dich ein in die Schar der Betenden". Ich spüre die Wurzeln meines Glaubens. Das macht mich sehr dankbar.

Unter der Orgelbühne finde ich die Chronik der Vermißten und Gefallenen des letzten Weltkrieges. Viele der Namen sind mir bekannt, mit ihnen und all den Toten, die nicht aufgeschrieben sind, fühle ich mich verbunden. Das ist ein Stück Heimat. Das macht meine Heimat aus, meine Kirche im Dorf.

Ich fand wenige Tage nach dem Tod meiner Mutter, im März 1951, in Köln bei einer größeren Firma eine Möglichkeit, als Techniker Geld zu verdienen. Nach knapp einem Jahr wuchs in mir die Gewißheit, daß dieser gegangene Weg nicht das Ende des beruflichen Werdeganges sein darf ...

Durch einen Zufall traf ich in Köln einen früheren Schulfreund, Helmut Mungen. Nach dem Abitur in Schleiden studierte er in Bonn Theologie und danach am Seminar für „Wohlfahrts- und Jugendpflege" in Köln, einer staatlich anerkannten höheren Fachschule des

Deutschen Caritasverbandes. Ich vertraute ihm meine Not an, und er eröffnete mir eine neue Perspektive. Ein „Zulassungsgespräch" mit der stellvertretenden Leiterin des Seminars, Frau Dr. Koll, bereitete er vor.

Am 1. Januar 1956 begann ich in Aachen das vorgeschriebene Praktikum in einem Lehrlingsheim. Danach sammelte ich weitere Erfahrungen in einer „Offenen Tür" in Köln. Im Jahre 1957 begann ich das Studium.

Eine neue Zeit brach an. Das Studium machte mir viel Freude. Daneben verdiente ich mir das nötige Geld in der „Offenen Tür" Elsaßstraße, im Severinsviertel. Später auch in der „Offenen Tür" Ehrenfeld. Ich verstand die Sprache der Jugendlichen und kam gut zurecht. Der Leiter des Seminars, Dr. Herbert Lattke, und Herr Morczinek zeigten mir neue Wege. Ich konnte die Schwerpunkte „Soziale Gruppenarbeit" mit meiner Praxis gut vereinbaren. Herr Lattke und Herr Morczinek hielten sich nicht, wie ich es früher in der Schule erlebt hatte, bei meinen Schwächen auf. Ich war von dem Lernklima sehr betroffen und höchst motiviert. Ich glaube, daß ich kaum ein Lernangebot versäumt habe. Die Lehre des Rechts lag mir nicht.

Nach dem bestandenen Examen (1959) sammelte ich bis zur staatlichen Anerkennung weitere Erfahrungen in unterschiedlichen „Offenen Türen" und in der Erziehungsberatungsstelle in Köln bei Frau Dr. Mattzut. Sie lehrte im Seminar Psychologie. Die Soziale Gruppenarbeit ließ mich nicht mehr los. Sie steckte damals noch in den Anfängen, und es reizte mich, an der Fortentwicklung beteiligt zu werden.

Dann kam es doch anders. Bei unserem vorgeschriebenen Auswertungstreffen im Anerkennungsjahr fragte mich mein Studienfreund Hermann-Josef Wagner, ob ich nicht nach Limburg zum Bischöflichen Jugendamt als Referent gehen wolle. Er kannte den Leiter, Jugendpfarrer Christian Jung, aus seiner langjährigen Mitarbeit beim Bund der Deutschen Katholischen Jugend (BDKJ). Er könne mir diese Stelle nur empfehlen.

Am 1. Juni 1960 trat ich die Stelle an. Ich habe es nie bereut.

Mein erster Auftrag

Christian Jung war für die Mannesjugend zuständig. Es gab noch eine Trennung zwischen Mannes- und Frauenjugend. Das hat mich schon sehr früh gestört. Außerhalb der kirchlichen Jugendarbeit kannte man diese Trennung nicht.

Die Zusammenarbeit zwischen dem Jugendpfarrer und mir wurde von Jahr zu Jahr intensiver. Er war fünf Jahre Soldat im letzten Weltkrieg und fast vier Jahre in russischer Kriegsgefangenschaft. Diese Zeit hatte ihn geprägt. Das kam auch in seiner priesterlichen Haltung zum Tragen. Mit 31 Jahren wurde er zum Priester geweiht. Später gestand er mir einmal, daß er diese Entscheidung nie bereut habe.

Seine größte Stärke lag in der Verkündigung des Wortes Gottes. Mir erschien er bei seinen Predigten nie unvorbereitet. Wir haben viel über den richtigen Weg in der Jugendarbeit diskutiert, viel gelacht und oft einen guten Rheingauer Wein getrunken. Christian Jung stammte aus Erbach (Rheingau).

Ich habe durch ihn einen Hauch Freiheit in der Kirche erfahren. Diese Freiheit ließ ich mir nie durch einen Prälaten verstellen. Er verlangte von seinen Mitarbeitern nicht wenig, mit einem Wort der Anerkennung war er auch nicht sparsam. Auch konnte er Kritik ertragen.

Nach einer längeren Konferenz mit allen haupt- und ehrenamtlichen Mitarbeitern saßen wir einmal bis spät in die Nacht bei einem Wein zusammen. Morgens um 8.00 h war die Eucharistie in der Kirche von Kirchähr angesetzt. Kurz vor 8.00 h ging ich in den Konferenzraum, um die Gebetbücher zu holen. Auf dem Flur begegnete er mir und fauchte mich an: „Wenn Sie abends so lange essen und trinken können, müssen Sie auch morgens zeitig sein!" Ich: „Herr Jugendpfarrer, jetzt feiern wir in wenigen Minuten gemeinsam Eucharistie. Was glauben Sie, was Gott über Sie denkt, wenn Sie mich in dieser Strenge anfahren?" Er ließ mich stehen und eilte zur Kirche.

Am gleichen Abend saßen wir wieder in froher Runde, und er bat mich, der gesamten Konferenz zu berichten, wie ich ihn am heutigen Morgen „fertiggemacht hatte". Das machte ich mit großem Genuß.

Mit 54 Jahren verstarb er an einem Krebsleiden. Wenige Jahre vorher hatte ihm Bischof Wilhelm Kempf das Amt des Generalvikars übertragen.

In jedem Jahr besuche ich sein Grab auf dem Domfriedhof zu Limburg. Heute höre ich noch sein Wort an uns und an die Führerschaft des Bundes der Katholischen Jugend: „Was will Gott von Dir?"

Während einer Konferenz gab mir der Jugendpfarrer den Auftrag, in einigen Orten des Westerwaldkreises (Kreis Montabaur) Seminare für die gesamte Jugend der Pfarrgemeinde anzubieten. Unter dem Thema „Vorbereitung auf Ehe und Familie" erarbeitete ich ein Konzept, das von der damaligen Diözesanführung auch angenommen wurde. Wegen der Finanzierung über den Bundesjugendplan waren ca. 20 Doppelstunden notwendig, d. h. mindestens 15 Abende. Mit diesem Angebot besuchte ich zuerst einige Pfarrer. Hier fand ich eine bereitwillige Zustimmung. Damit das Vorhaben aber auch auf eine breitere Basis gestellt wurde, versuchte ich die Eltern für mein Vorhaben zu gewinnen. Ich lud diese am Sonntagnachmittag ein. Der damalige Kreisjugendpfleger, Rudi Ferdinand, der als Westerwälder die örtlichen Verhältnisse bestens kannte, unterstützte mich. Als Referenten gewann ich Persönlichkeiten aus unterschiedlichen Berufen: Lehrer, ehemalige Führer aus dem BDKJ, die inzwischen ihren Alltag in Familie und Beruf meisterten. Die Seminarreihe schloß mit einem festlichen Gottesdienst und einer anschließenden Tanzveranstaltung.

Der gelungene Start übernahm die Werbung. Am Ende meiner Tätigkeit als Jugendbildungsreferent konnte ich sogar an 49 Orten solche Seminare durchführen. Ich selber übernahm ein bis zwei Abende, nicht nur um Erfahrungen zu sammeln, sondern auch, um von den Fragen der Jugendlichen Anregungen für neue Angebote zu entwickeln. Es galt nicht, Rezepte zu formulieren, sondern Antwortversuche anzubieten.

Später engagierte ich mich auf Bitten des Jugendpfarrers auch im Jugendferienwerk der Diözese. Hier speziell im Deutsch-französischen Jugendwerk. Nach anfänglichen Schwierigkeiten entdeckten wir, daß es nicht ausreichte, die Schönheiten Frankreichs (Atlantik und Mittelmeer) kennenzulernen, sondern auch die Menschen. Das konnte aber nur über die Sprache gelingen. So boten wir Sprachkurse an. Einige der Teilnehmer unserer Seminare wurden auf die

Möglichkeiten aufmerksam. Es waren Anfänge von Kontinuität festzustellen.

Heute bin ich mir bewußt, daß keiner diese Begegnungen unverändert verließ, die Jugendlichen nicht, aber auch die Referenten nicht. Bei meiner heutigen Betrachtung wuchs in mir die Gewißheit, daß bei allen pädagogischen Ansätzen eine Betroffenheit gelingen muß, damit ein „Tiefgang" erwirkt wird. Diese Sicht prägte auch die Fortbildung mit den Referenten.

Die Schule des Schweigens

Während meiner Arbeit lag es nahe, intensive Kontakte mit den Pfarrern zu pflegen. Ich kannte damals fast alle Pfarrer des Westerwaldkreises. Nicht nur die Inhalte der Seminarreihe wurden eingehend diskutiert, sondern auch persönliche Fragen standen im Mittelpunkt. Manche Pfarrer waren in den Orten doch sehr verlassen. – Wir entdeckten neue Wege, andere Antworten, ja neue Sichten. So berichtete mir eines Abends ein Pfarrer nach einer Veranstaltung, er lud mich zum Essen ein, wie er 'Yoga für Christen' – die Schule des Schweigens nach Jean Marie Déchanet entdeckt hatte und in seinem Alltag eine neue Mitte gefunden hatte. Diese Darstellung faszinierte mich so, daß ich sein Buch kaufte. Ich studierte es eingehend. Es hat mich seit damals (1962) nicht mehr losgelassen.

Mit wenigen Andeutungen will ich versuchen zu beschreiben, worum es Déchanet geht. Hier ist nicht der Ort, das von ihm entwickelte Programm in allen Tiefen auszuloten. Wer sein Leben nach dieser Schule ausrichten will, muß es lesen, in sich aufnehmen und beginnen. Die Ernte kann man aber erst am Schluß einer langen Wartezeit einbringen.

Oft wurde Déchanet gefragt: „Welche Umstände haben Sie dazu geführt, eine aus dem Morgenland stammende Lehre Ihrem Denken, das von der abendländischen Überlieferung ganz erfüllt war, aufdrängen zu können?

Es ist Guillaume de Saint-Thierry – Zisterziensermönch (1085-

1148), Abt von Saint-Thierry bei Reims, der mich zum Yoga führte.

Es verlangte Déchanet danach, nur für Gott zu leben. Wie kann das erreicht werden? Von dieser Frage wird er gedrängt. Er findet einen Artikel in einer Zeitschrift, der die Wirkung einer Yoga-Haltung pries.

Diese Übungen und insbesondere die Konzentration – die Festlegung seines Denkens – dürfte ihn aber nicht zu den nebelhaften Begriffen der indischen Mystiker führen, sondern zum Gebet Abrahams, Isaaks, zu dem dreieinigen Gott, zu dem Ursprung aller Dinge. Er wollte sein Denken und sein Herz auf Christus richten. Er wollte im Schweigen erreichen, daß es eine Zwiesprache mit dem Ewigen ist.

Viel Kraft investiert Déchanet, um die Übungen aus der atheistischen Einengung zu befreien und in ein ganzheitliches Christentum einzubauen. Es gelang ihm, die Körperhaltung und die Atemübung des Yoga mit dem betrachtenden Gebet zu vereinen. Danach ist in seinem Leben als Mönch das Schweigen, das gotterfüllte Schweigen des Gebetes, getreten.

Das Alltagsbefinden wird merklich besser. Aber nicht nur das, sondern das Bedürfnis nach Milde, Mitleid und Güte erwachen durch die Yoga-Übungen. Der Wunsch wird stärker, im ursprünglichen Sinn des Wortes „Christ" zu sein.

Yoga, in dem er unsere Sinne beruhigt, der Seele Frieden schenkt und effektive Kräfte bei uns freimacht, kann dem Abendland einen nicht zu unterschätzenden Dienst erweisen. Das Wesentliche daher ist die Einsicht, daß es nicht nur um die Verchristlichung irgendeines Yogas geht, sondern um die Dienstbarmachung der unbestreitbaren Vorzüge des Yogas für das Christentum und das christliche Leben ...

... Der Mensch wird aufnahmefähiger und anpassungsfähiger zum persönlichen Austausch zwischen Gott und der Seele. Das führt zum mystischen Leben. Auch wird der Mensch großmütiger. Für ihn bleiben die Früchte des Yogas Anspornmittel zum einzig Wesentlichen im Leben:

Zur Nachahmung des göttlichen Meisters! Die Übungen erleichtern das betrachtende Gebet. Dies ist ein Lauschen auf das Wort Gottes. Die Anweisung des Evangeliums: 'Du aber gehe, wenn Du betest, in die Kammer', kommt mehr und mehr zum Tragen. Es gibt keinen treffenderen Vergleich als den der Blume, die sich in der Stille des Morgens friedlich und mühelos öffnet und entfaltet.

Déchanet wird in seinen Veröffentlichungen nicht müde zu sagen, daß die Yoga-Übungen nicht als Religion oder Mystik gesehen werden dürfen, sondern ganz einfach eine Übungsart sind, eine geniale Kunst, die den Menschen die Möglichkeit gibt, sich zur gegebenen Zeit dem Schweigen zu überlassen.

So faßt er seine Botschaft am 1. November 1957 im Kloster des Heiligen Benedikt von Kansenia zusammen.

Zum Schluß möchte ich in wenigen Punkten andeuten, was sich durch die täglichen Übungen bei mir verändert hat:

- Oft zieht es mich in die Stille der Kirche. Es gibt eine nachdenkliche Geschichte vom Pfarrer von Ars. In seiner Pfarrkirche habe er, wenn immer er selber in die Kirche trat, um zu beten, einen alten Mann schweigend vor dem Allerheiligsten getroffen. Eines Tages faßte er den Mut und fragte diesen Mann: „Was machen Sie eigentlich täglich hier?" Der alte Mann: „Ich lasse mich von ihm anschauen und schaue ihn an."

- Ob diese Geschichte wahr ist oder eine Legende, ist für mich nicht so wichtig. Auf mich hat sie eine tiefe Wirkung ausgeübt.

- Ob diese Geschichte und die Yoga-Übungen mein Bedürfnis nach der Begegnung mit Gott in der Stille der Kirche ausgelöst haben, kann ich letztlich nicht beurteilen.

- Ich nehme eine Neigung zur Milde und zum Mitgefühl bei mir wahr. Oft glaubte ich, bei Lösungen von Konflikten mit einem scharfen Wort mich wehren zu müssen. Oft hatten meine Antworten etwas mit der Schleuder Davids zu tun. Das hat sich geändert. Behutsam möchte ich heute mit dem Andersdenkenden umgehen, wenn dies nicht gelingt, schäme ich mich und kann sogar um Verzeihung bitten.

- Christlicher Yoga will echte Menschen und Christen schaffen. Es gilt, den Inhalt der Bergpredigt in die Mitte des Tages zu rücken. Viele, die diesen Weg gewählt haben, sind die Zeugen.

Vor einigen Jahren las ich in der Osnabrücker Kirchenzeitung, daß Pater Déchanet damals in den Französischen Alpen in einer kleinen Hütte lebte. Ein Einsiedler, aber mit Zustimmung von Rom, so betonte er. Ob er heute noch lebt, weiß ich nicht. Aber seine Botschaft lebt weiter. Ob der Pfarrer des Westerwaldes noch lebt, der mich auf diese Spuren brachte, weiß ich auch nicht. Seinen Namen habe ich vergessen, aber nicht das abendliche Gespräch am Rande eines Jugendbildungsseminars.

Das Ende in Limburg

Eines Tages offenbarte Christian Jung uns, d. h. den damaligen Mitarbeitern, daß Bischof Wilhelm ihn gebeten habe, die Leitung des Caritasverbandes von Frankfurt zu übernehmen. Diese Nachricht traf uns wie ein Schock.

Inzwischen durfte ich sechs Jahre mit ihm arbeiten. Für mich bedeutete diese Nachricht, nach anderen Ufern Ausschau zu halten. Der neuernannte Jugendpfarrer Rolf Lutter versuchte, das Werk fortzusetzen. Aber für mich wurde alles anders, auch wenn unter seiner Leitung die Mannes- und Frauenjugend inzwischen zusammengelegt wurde. Der damalige Jugendpfarrer der Frauenjugend ging als Religionslehrer nach Frankfurt. Ich nahm bei allem Maß an Christian Jung. Damit wurde ich Rolf Lutter nicht gerecht, aber auch mir selber nicht. – Rudolf Ferdinand, der schon seit einigen Jahren als Referent für politische Bildung zuständig war, ging nach Mainz zum Landesjugendamt. Paul Arens übernahm später die Stelle als Gemeindedirektor in einem benachbarten Ort. Franz Krotzky, der Diözesansekretär, und Dieter Döhne, Sekretär des BDKJ, blieben. Warum die einen gingen und die anderen blieben, ist nie ausgesprochen worden. Es wäre nicht ganz gerecht, nur in der Veränderung der Leitung des Jugendamtes meinen Drang nach einer neuen Aufgabe zu sehen. Inzwischen war ich 36 Jahre alt geworden. Den Sprung von der Jugendbildung in die Erwachsenenbildung zu wagen, erschien mir jetzt gegeben. Ich wechselte auf Wunsch von Oberstudienrat Gottfried Kuch, dem Geistlichen Leiter, ins Referat für Ehe und Familie. Die Zusammenarbeit war von viel Menschlichkeit geprägt. In meiner bis dahin erlebten Freiheit habe ich nichts eingebüßt.

Auf diese Jahre in Limburg blicke ich mit Dankbarkeit zurück. Diese Schule prägte die späteren Jahre meiner Arbeit. Vielleicht konnte ich sie im Rückblick nur meistern, weil ich durch die Limburger Schule gegangen war. Die Zeiten in Limburg zählen zu den schönsten meiner beruflichen Bemühungen.

Hannover

Während dieser Zeit des Wartens und Suchens nach einem größeren Aufgabenfeld besuchte ich den damaligen Direktor der Katholischen Akademie in Trier, Dr. Jürgen Wiechman. Ich vertraute ihm meine Wünsche an.

Nur wenige Tage später rief Dr. Bernhard Schomakers aus Osnabrück an, ob ich mich für die Aufgabe als Geschäftsführer der Arbeitsgemeinschaft für Katholische Erwachsenenbildung in Niedersachsen, Sitz Hannover, interessieren würde. Dr. Schomakers war Vorsitzender dieser Arbeitsgemeinschaft und später Vorsitzender der Bundesarbeitsgemeinschaft für Katholische Erwachsenenbildung. Seit vielen Jahren war er mit Dr. Wiechman befreundet. – Wir trafen uns zu einem ersten Gespräch in einem Hotel in der Nähe des Limburger Bahnhofs. Meine bisherigen Aufgaben paßten in seine Erwartungen, und kurze Zeit später lud er mich zu einer Vorstandssitzung der Arbeitsgemeinschaft nach Bremen zu einem Vorstellungsgespräch ein.

Zeitig war ich in Bremen und konnte mich in einem großen Park auf dieses Gespräch einstimmen. Plötzlich überfiel mich ein so nicht gekanntes Heimweh: Eifel, Köln, Limburg und jetzt Hannover. Es wehrte sich etwas in mir, die Stelle anzunehmen.

Es kam anders. Der Vorstand stimmte allen Wünschen zu, so daß ich das Angebot doch annahm. In Niedersachsen war das erste Erwachsenenbildungsgesetz in Deutschland in Kürze zu erwarten und versprach große Perspektiven für die Bildungsarbeit.

Am 2. September 1968 ging ich nach Hannover. Die Vielfalt der auf mich zukommenden Aufgaben erdrückte mich anfänglich sehr. Nur langsam gewann ich Sicherheit, nicht zuletzt durch die Hilfe und die Annahme mancher Kollegen im „Niedersächsischen Bund", einem Zusammenschluß aller in der Erwachsenenbildung anerkannten Organisationen. Hier muß ich den Kollegen Werner Köhler, Geschäftsführer des Niedersächsischen Bundes, dankbar erwähnen. Er kannte die Zusammenhänge und die Hintergründe der Erwachsenenbildung. Im Laufe der Jahre entstand ein Arbeitskreis aus den pädagogischen Leitern aller in der Erwachsenenbildung tätigen Organisationen. Die Leitung hatte Herr Altmann von „Arbeit und Leben". Die Erfahrungen, die hier diskutiert wurden, erleichterten meine

Arbeit. Besonders Herr Sachse, der Kollege der „Ländlichen Erwachsenenbildung", brachte viel Menschlichkeit in die Diskussion. Das Klima war so wohltuend, daß selten ein Kollege fehlte. Auch der Lehrstuhlinhaber der Erwachsenenbildung, Prof. Dr. Horst Siebert, war ständiger Gast.

Heribert Wehrmann, Mitglied des Vorstandes und Vorsitzender der Diözesanarbeitsgemeinschaft von Hildesheim, begleitete mich in großer Liebenswürdigkeit. Nach wenigen Jahren der Zusammenarbeit verstarb er.

Erleichtert wurde das Bemühen auch, da ich als erster hauptamtlicher Geschäftsführer beginnen konnte. Nach zwei Jahren der Einarbeitung wurde das Erwachsenenbildungsgesetz verabschiedet. Das Land Niedersachsen gewährte nicht nur eine hundertprozentige Finanzhilfe für die Pädagogen, sondern auch eine großzügige Unterstützung der Bildungsmaßnahmen.

Ich war dem Vorstand gegenüber direkt verantwortlich und nicht einem der Generalvikare aus den Diözesen Hildesheim, Osnabrück und dem Offizialatsbezirk Oldenburg.

Engen Kontakt pflegte ich zu Herrn Dipl.-Ing. Bernd Thonemann. Er war stellv. Vorsitzender der Landesarbeitsgemeinschaft und später Vorsitzender der neugegründeten Landeseinrichtung (Zusammenschluß aller kath. Bildungswerke). Seit den Anfängen der Erwachsenenbildung in Niedersachsen war er dabei. Es lief ohne ihn nichts. In schwierigen Situationen fand er oft ein aufmunterndes Wort. Viele Probleme besprach ich in seinem Dienstzimmer in Cloppenburg. Diese freundschaftliche Beziehung trägt bis heute. Im Vorstand arbeiten seit damals noch: Ferdinand Cloppenburg, Hermann Bringmann, Dr. Wolfgang Riemann und Heinz-Wilhelm Brockmann.

Die inzwischen eingestellten Mitarbeiter in den Bezirken und nicht zuletzt die Honorarkräfte, wußten die Chance des Gesetzes zu nutzen. Die kath. Erwachsenenbildung wuchs, fand auch in der Öffentlichkeit Anerkennung.

Als geschäftsführender pädagogischer Leiter versuchte ich zwei Schwerpunkte in den Mittelpunkt zu rücken: Erstens, die von Christen verantwortete Erwachsenenbildung im Lande immer differenzierter darzustellen und zweitens die Mitarbeiterfortbildung. Von den Mitarbeitern hängt es im wesentlichen ab, wie wirksam eine

Einrichtung ist. Ich prägte unter den Kollegen den Satz: „Wir müssen tiefer pflügen. Es darf nicht nur um die Ausdehnung der Erwachsenenbildung in den Belegungsdoppelstunden gehen." Mein Rufen, wir sollten uns auf wenige Schwerpunkte konzentrieren, wurde nicht verstanden und auch nicht gehört. Demgegenüber vertraten einige die Meinung, daß wir alle Bereiche der Bildungsarbeit abdecken müßten. Ob dieser Konflikt heute noch besteht, kann ich nicht beurteilen.

Durch die Ausbildung als Supervisor bei Prof. Dr. Lowy, Boston, geprägt, lag es nahe, auch die Möglichkeiten durch intensive Gruppenarbeit und Selbsterfahrungsgruppen zu nutzen.

Ich habe die Erwachsenenbildung in christlicher Verantwortung als einen Ort verstanden, an dem die Kirche, also die gemeinsamen Gläubigen, im Gespräch mit der Welt ihre heutigen Aufgaben zu suchen und zu finden hat. Für diesen Lernprozeß ergibt sich die Konsequenz, daß es wichtiger ist, Erfahrungen zu ermöglichen als intellektuell zu belehren. Neue Wertvorstellungen entstehen nicht allein durch Diskussionen, sondern durch einladende, für das Leben brauchbare Identifikationsangebote.

Es muß ein Klima entstehen, wo Menschen lernen, angstfreier, belastbarer, selbstbewußter zu leben. Wenn alle, Lehrende und Lernende, sich in diesen Prozeß einlassen, beendet ihn niemand unverändert. Dann heißt lernen: wagen, sich zu verändern. Hier wird eine Lebenshilfe durch Lernhilfe angeboten.

Leben zu lernen kann sicherlich nicht nur in der Vermittlung von Lebenstechniken bestehen. Die Sinnfrage muß einbezogen werden. Das schließt ein, daß auch nicht funktionale Fähigkeiten, wie Spielen und Staunen, gepflegt werden. Der Mensch muß lernen, sich die Fähigkeit zur Besinnung, zum Staunen und zum Gebet zu bewahren. Aus diesen Quellen kann der Erwachsenenbildner auch nur seine Aufgabe umsetzen. Nicht mehr und nicht weniger wollten wir versuchen. Die Gruppenarbeit bietet dazu eine brauchbare Möglichkeit an. Von diesen Überlegungen wurden im Laufe der Jahre meine Schwerpunkte in der Mitarbeiterfortbildung angeboten.

Im Laufe der Jahre ist mir immer deutlicher zum Bewußtsein gekommen, daß dies alles in Ansätzen zu verwirklichen ist, wenn das Team in Hannover einen prägt. Hier verwendeten wir viel Zeit für eine Atmosphäre, die dies ermöglichte. Meine in Limburg erlebte

„Freiheit" versuchte ich, den Mitarbeitern anzubieten. Das trug immer stärker. Die Mitarbeiter arbeiteten, ob ich anwesend war oder nicht. Jeder fand die Chance, seine Fähigkeiten zu entwickeln. Diesen Fleiß und die Kompetenz habe ich bei passenden Gelegenheiten immer angesprochen. Lob und wenn notwendig auch Korrekturen hatten ihren Platz.

An dieser Stelle möchte ich noch einmal die Mitarbeiter/innen bei ihren Namen rufen, mit denen wir gemeinsam viele Meilen gegangen sind:

Franz Krause

Frau Braun

Frau Heuer

Frau Schwiening

Frau Lindemann

Frau Heitmann

Frau Schewe

Frau Lange-Grumfeld.

Unsere Gespräche waren oft von persönlichen Fragen und Zukunftsplänen geprägt. Die gewachsenen Bindungen schwingen weiter.

Zum Geburtstag schenkte mir Martin Mayenberger folgendes Wort:

„Lieber Helmut,

laß mich Dir heute drei kurze Worte anbieten.

Vorhin sprach Helmuth Kappes Deine Fähigkeit an, mit den Stärken Deiner Mitarbeiter zu arbeiten. Ich möchte das unterstreichen und Dir dafür danken, daß Du nicht in Nebensächlichkeiten herumbohrst, sondern jeden dort gefordert hast, wo er stark war. Du spürst die Regungen des anderen sehr genau und mitfühlend nach, bis zu den Wurzeln hin. Ich glaube, Du ,siehst' den anderen und läßt es ihn wissen.

Dahinter und dabei habe ich bei Dir die Kraft des Zupackens erlebt, die Kraft, zusammenzufassen und zu bündeln: die Kraft des Erntens.

Du hast uns Suchende sein oder werden lassen, getrieben von der Frage: ,Was ist wichtig?'

An keiner der Hochschulen, die ich besuchte, habe ich je diese Frage gehört. Es ist Dein Verdienst, daß diese Frage ins Zentrum meines und unseres Denkens und Handelns rückte und – gewiß mit allen Schwächen – den Arbeitsstil und die Art des Umgehens miteinander prägte.

Es fehlt nur noch wenig, dann ist Deine Ernte eingebracht. Die Zeit des Zupackens ist vorüber. Meine Mutter hat früher, wenn sie einen Brotlaib anschnitt, auf der Unterseite des Brotes mit dem Messer drei Kreuze gezeichnet. Das Brot Deines Lebens ist am dritten Kreuz angelangt. Dahin möchte ich Dir ein Wort geben, das von Dir selbst stammt oder doch aus der Region Deines Denkens: ‚Vom Dank aus komme ich zu meiner Mitte'.

Dieses Wort habe ich die letzten Jahre mit mir getragen, und es hat mir gerade in Stunden der Enttäuschung und Mutlosigkeit beim Weitergehen geholfen.

Zuletzt die Beschreibung einer Situation, die Du (in Goslar) eingeleitet hast:

„Ein fremder Abt kam zur Visitation in meinen Konvent. Es sollten Tage der Stille und Umkehr werden. Und er hat uns die Füße gewaschen und nicht den Kopf. Da kehrte Freude ein und Mut stieg leicht empor und Licht strömte in ihm herab."

Lieber Helmut, liebe Frau Büngers, ich wünsche Euch, da Euer Haus sich nun geleert hat, daß Ihr immer wieder Besuch von einem solchen Abt bekommen werdet.

Laß mich, Helmut, mit einer Bitte schließen: Verliere nie den Mut, es Deinen Freunden zu sagen, wenn sie eine Kerze anzünden sollen..."

Nun noch ein Wort über die Mitarbeiter, die das Leibniz-Ufer verlassen haben:

Herr Goertschers: Die Arbeit am Leibniz-Ufer wurde ihm oft schwer gemacht. Die Zusammenarbeit zwischen dem damaligen Geschäftsführer des Bildungswerkes in der Region Hannover war oft von Mißtönen begleitet. Gelegentlich platzte er in meine Besprechungen hinein: „Herr Büngers, es geht nicht mehr!" – Mit Hilfe der damaligen Vorsitzenden, Herrn Dipl.-Ing. Meurer, Herrn DDr. Uthoff und nicht zuletzt unserer Teamarbeit, hat er ausgehalten. Später fand er einen Platz in einer kleinen Volkshochschule in der Nähe von Stuttgart. Er baute sie zu einer anerkannten Stätte der Erwachsenenbildung aus. Auch nach dem Abschied vom Leibniz-Ufer besuchte er unsere Seminare. Er wirkte wie erlöst und sagte, daß ihn die Frage, „was ist wichtig", immer noch beschäftigt, und dieses Suchen gibt ihm Sicherheit und Zufriedenheit.

Wolfgang Ahner: Er arbeitete von 1975 – 1984 in der Landesarbeitsgemeinschaft. Nach Martins Weggang wurde er 1981 mein Stellvertreter. Sein Verdienst war es, die politische Bildung in der kath. Erwachsenenbildung hof-fähig gemacht zu haben. Dann ging er nach Zaire. Er sagte mir, daß das gute Miteinander in Hannover ihn befähigt habe, diese unübersehbare Aufgabe zu wagen. Alle Aufgaben, die nicht unmittelbar seinen Auftrag berührten, erfüllte er mit gleichbleibender Selbstverständlichkeit. Die Zusammenarbeit war in all den Jahren von großem Vertrauen getragen.

Martin Mayenberger:

Sieben Jahre wurden uns geschenkt, in denen wir Höhen und Tiefen der Erwachsenenbildung mit Martin durchschreiten durften. Sehr früh konzentrierte er sich als junger Theologe auf die 'Theologie der Befreiung'. Diese Sicht mußte damals in der Kirche noch entdeckt werden. Die Schar, die sich ihm anschloß, war klein. Das hinderte ihn aber nie aufzugeben. Sie füllten nicht nur sein Denken, sondern auch sein Herz aus, so daß er mit Elisabeth den Weg nach Peru wagte. Er wollte den Menschen dort dienen. Martin hat mich beraten, belehrt und zurechtgewiesen, wenn es ihm nötig erschien, aber immer mit seiner ihm eigenen Zärtlichkeit. Viele Manuskripte von mir hat er mit großer Sorgfalt gelesen und verbessert, wenn ihm meine Sprache holprig erschien. Vieles ist mir noch in Erinnerung, je länger ich über ihn nachsinne, aber alles bleibt ungenau.
Am 2. September 1980 verabschiedeten wir uns von Martin und Elisabeth Mayenberger. Sie gingen nach Peru. Zum Abschied sagte ich ihm: „Was können wir noch für Dich, lieber Martin, für Sie, Frau Mayenberger, tun, die wir am Ufer bleiben? Ich meine, wir können gemeinsam beten." Mir fiel das alte Kirchengebet in die Hände, was ich jetzt gemeinsam mit Ihnen beten möchte:
„O Gott, Du hast Deinen Knecht Abraham aus Ur in Chaldäa herausgeführt und auf allen Wegen seiner Wanderschaft behütet.
Wir bitten Dich, geleite auch diese, Deine Diener Elisabeth und Martin,
beim Aufbruch sei Du ihr Beistand,
auf dem Weg ihr Trost,

im Sonnenbrand ihr Schatten,
in Regenschauer und Kälte ihr schützender Mantel.
In der Ermattung sei ihr Gefährt,
in der Gefahr ihr Schild,
auf schlüpfrigen Wegen ihr Stab,
im Schiffbruch ihr rettender Hafen.
Du führe sie!
So mögen sie glücklich zum Ziel ihrer Pilgerfahrt gelangen und
heil nach Hause zurückkehren ... "

Nach neun Jahren kehrten Elisabeth und Martin nach Deutschland zurück. Hier erlebten sie eine Enttäuschung nach der anderen. Er fand keinen entsprechenden Arbeitsplatz. Alle Versuche, auch mit Hilfe von Prälat Anton Schütz, dem Leiter der Zentralstelle Pastoral der Deutschen Bischofskonferenz, scheiterten. Ich wollte ihn gerne als meinen Nachfolger in der Zentralstelle Pastoral sehen. Einen qualifizierteren Mitarbeiter hätte das Sekretariat der Deutschen Bischofskonferenz nicht haben können. Die Einstellung scheiterte aber an einem Herrn in der Berufungskommission. Er legte andere Pläne vor, und so stand Martin draußen vor der Tür. Auch das Wort von Prälat Schütz konnte keine Umstimmung des Beschlusses bringen. In der Diözesanverwaltung von Rottenburg-Stuttgart öffnete man ihm zunächst keine Tür. In der Zeit des Wartens wuchs die Enttäuschung zu denen, die die Verantwortung für die Einstellung von Mitarbeitern tragen. Eine Verbitterung habe ich aber nie entdeckt.

Dann reifte in ihm der Wunsch, sich als Diakon weihen zu lassen. Seine innere Ruhe fand er. Er erfüllte die Aufgabe mit seiner ihm zugewachsenen Sorgfalt. Nach der Weihe erfüllten Elisabeth und Martin sich ihren Wunsch, ihren Urlaub in Peru zu verbringen. Wenige Tage nach ihrer Rückkehr, am 19.07.1994, starb er. Genau in diesem Augenblick pflanzte Elisabeth einen mitgebrachten Strauch. Als sie aus dem Garten kam, war Martin tot.

Helmuth Kappes ging nach seinem Zweiten Staatsexamen (Deutsch und Geschichte) für das Höhere Lehramt für eine kurze Zeit nach Goslar in das St. Jakobushaus als Erwachsenenbildner. In Hannover blieb er länger. Eines Tages wurde ihm die Leitung der Volkshochschule in Winsen an der Luhe angeboten. Er baute sie bald zu einer großen Volkshochschule aus und fand Unterstützung und Anerkennung im Kreis, aber auch im Lande Niedersachsen. Jedes Jahr schickte er mir sein Programm.

Herr Dr. Jürgen Peter Ravens schreibt in seinem Nachruf: „Mehr als zwei Fragen bleiben offen. Der Historiker in seinem immerwährenden Bestreben, die Rätsel der Geschichte zu lösen, zu durchdringen, zu erforschen, gewinnt oft genug die Einsicht, daß etwas Unerforschbares zurückbleibt. Für ein einzelnes Leben innerhalb des großen Stromes der allgemeinen Geschichte trifft dies genau so zu. Welche Erklärung gibt es dafür, daß Helmuth Kappes im Alter von 56 Jahren aus seinem niemals in Routine erstarrten, sondern immer wieder mit neuer Neugierde und Liebe erfüllten Tun von der Lebensbühne abtreten mußte? Warum befiel gerade ihn eine unheilbare Krankheit? In fast 25 Dienstjahren als Direktor der Kreisvolkshochschule hatte er sich mit Winsen und dem Kreisgebiet identifiziert. Er kannte sich aus und wirkt in diese Geschichte.

Charakteristisch für den Direktor war, daß er nicht über seiner Aufgabe schwebte, sondern sie in Tuchfühlung mit den Menschen des Kreises, der Seminare und Exkursionen wahrnahm. Die Geschichte des NS-Regimes, die Entwicklung der Bundesrepublik und der DDR waren seine Schwerpunkte. Lange vor dem Mauerfall fuhr er hinüber ins andere Deutschland. Der bleibende Eindruck eines eher stillen und zurückgezogenen Menschen, eines Forschers, eines Gelehrten in seinem Studierzimmer.

Hatte er einen Referenten eingeführt, so konnte man immer wieder beobachten, daß er die Augen schloß, aber wohl weniger um zu schlafen, als sich zu konzentrieren. Denn zum Ende hatte er stets für die Diskussion zwei Fragen bereit. Am Ende dieses Lebens stehen mehr als zwei Fragen."

Während der Jahre in Winsen an der Luhe haben wir unsere Beziehung verdichten können. Helmuth Kappes besuchte regelmäßig die von uns angebotenen Seminare. Ich hielt gelegentlich Seminare in seiner Volkshochschule. Wir haben viele Briefe geschrieben und viel miteinander telefoniert.

Während seiner Krankheit weilte ich mit meiner Frau für ein halbes Jahr in Italien. Soweit ich aus dieser Entfernung es vermochte, versuchte ich, das Ende des Weges mitzugehen.

Nach den Telefongesprächen stieg gelegentlich in mir eine gewisse Ehrfurcht und Achtung auf, wie er mit seinem Kreuz umzugehen wußte. Für mich wurden die Anfänge seiner Heiligkeit spürbar.

Bei keinem Treffen vergaß er die Bitte an mich: „Herr Büngers, schreiben Sie doch Ihre Lebensgeschichte. Ich übernehme gerne die Aufgabe als Korrektor." Dazu ist es nicht mehr gekommen. Meine Lebensgeschichte zu schreiben, es drängt mich. Am 08.08.1999 schrieb er mir seinen letzten Brief:

„Lieber Herr Büngers!

Es ist nun schon fast ein halbes Jahr her, seit ich operiert wurde. Nun hält sich mein Zustand in der Schwebe, ohne daß ich Hoffnung haben könnte, daß er sich grundlegend bessern wird. Ich muß mich nun in Geduld und Gelassenheit einüben.

Vielen Dank für Ihre gelegentlichen telefonischen Nachfragen nach meinem Befinden. Sie stärken mich in der Gewißheit, daß ich auch in dieser schweren Zeit nicht allein gelassen bin.

Sie haben mir das geistige Testament des Thomas von Aquin zugesandt und mich gefragt, ob ich Ihnen nicht ein zusammenfassendes Wort über mein Leben sagen könne.

Ich möchte es so sagen:

„Ich habe in meinem Leben schwere Schicksalsschläge erlebt, aber auch viel Fruchtbares bewirken können. Die leidvollen Erfahrungen waren nicht immer auf eigenes Verschulden zurückzuführen, aber oft auch Folge davon, daß ich meine Ziele nach meinem Eigen-Willen gesetzt habe. Fruchtbar war es dann, wenn ich die auf mich zukommenden Aufgaben redlich zu erfüllen bemüht war. Diese Aufgaben waren der Wille Gottes für mich. Möge Gott mir verzeihen, wenn ich nicht seinen, sondern meinen Willen erfüllt habe. Nehme er gnädig an, was ich nach seinem Willen getan habe.

Lieber Herr Büngers! Vieles geht mir in diesen Tagen durch den Kopf. Was habe ich in meinem Leben falsch gemacht, was richtig? Einfache Lebensvollzüge, die bisher selbstverständlich waren, sind es heute für mich nicht mehr. Ich fühle mich vom Leben abgeschnitten und bemühe mich doch, noch so weit wie möglich, am Leben teilzuhaben. Vor dem Tod habe ich keine Angst. Mehr ängstigt mich der Gedanke, daß mein jetziger Zustand noch lange Zeit anhalten wird. Aber es muß wohl der Wille Gottes für mich sein, auch diese Situation auszuhalten. Jetzt wird mir erst richtig bewußt, was es bedeuten kann, das mir von Gott gegebene Kreuz zu tragen. Ich hoffe und bete, daß ich die Kraft habe, dieses Kreuz bis zum Ende zu tragen, im Vertrauen darauf, daß das Kreuz zur Erlösung führt. Daß andere mich auf diesem Weg durch ihr Gebet begleiten, ist sicher sehr hilfreich für mich.

Ihnen wünsche ich alles Gute

Ihr Helmuth Kappes"

Landeskatholikenausschuß (LKA)

Neben dem Auftrag in der Erwachsenenbildung wurde ich 1968 gebeten, die Geschäftsführung des LKA zu übernehmen. Der LKA verstand sich als ein Gremium, das sich zum Ziel gesetzt hat, die Interessen der kath. Kirche neben dem Katholischen Büro (KB) in die Öffentlichkeit zu bringen. Die Initiative ging von Laien aus. Der erste Vorsitzende wurde Dr. Raimund Wimmer aus Osnabrück. Es wurden viele Geheimnisse unter dem damaligen Leiter des Katholischen Büros, Dr. Andreas Marxen, gehütet. Die Geheimnisse sollten transparenter gemacht werden. Das gelang anfangs nicht ohne großen Widerspruch. Viele warfen Dr. Wimmer vor, oft zu hart und zu schnell an diese Geheimnisse zu wollen. Den Bischof von Osnabrück, Dr. Helmut Wittler, und einige Persönlichkeiten, die sich für die Arbeit zur Verfügung stellten, im Rücken, halfen die Tür des Katholischen Büros zu öffnen.

Es zeigte sich aber im Laufe der Zeit, daß im LKA die gleichen Ziele wie im KB verfolgt wurden. Der erste Durchbruch begann, als bei einer Begegnung mit der Landesregierung unter Herrn Ministerpräsident Alfred Kubel genau so viele Vertreter des LKAs wie der Ordinariate teilnehmen durften. Besonders bei der damaligen Fortschreibung des Konkordates entdeckten auch die Vertreter der Ordinariate, wie hilfreich die Kompetenz der Laien sein könnte. Nach einer Ausschußsitzung sagte mir der damalige Leiter des Seelsorgeamtes, Domkapitular Vossen, „allein um die Beiträge von Herrn Helmut Kulle, Studiendirektor im Hochschuldienst, zu hören, lohnt sich eine Fahrt von Osnabrück nach Hannover". Dagegen war der damalige Generalvikar von Hildesheim anderer Meinung. Als während der Verhandlung Herr Dr. Schomakers sich zu Wort meldete, als es um die Belange der Erwachsenenbildung ging, antwortete er ihm: „Was veranlaßt Sie als Laie, sich in die Verhandlungen einzumischen?"

Der zweite Vorsitzende wurde Herr Rechtsanwalt Müller-Kemmler, Hannover. Danach folgte Herr Oberstudiendirektor Sommer, danach Professor Dr. Gundermann (acht Jahre). Als ich mich im LKA 1982 verabschiedete, war das Klima wohltuend. Es bedurfte keiner Wartezeit mehr, um im Katholischen Büro einen Termin zu bekommen. Herr Dr. Werner Remmers war an der Gründung des LKA maßgeb-

lich beteiligt. Er hatte auch lange Zeit den Vorsitz des Kulturpoliti-
schen Beirats der CDU inne. Eines Tages bat er mich, den Arbeitskreis Erwachsenenbildung der CDU zu übernehmen. Mit allen füh-
renden Politikern zogen wir uns gelegentlich zu Klausurtagungen
zurück. Die Ergebnisse gaben wir den Abgeordneten, die in der
Hektik des Tages keine Zeit fanden, über die Erwachsenenbildung
nachzudenken.
Während dieser Zeit erlebte ich die Minister: Langeheine, Prof. Dr.
von Oertzen, Prof. Dr. Grolle, Dr. Werner Remmers, Prof. Dr. Pestel
und Dr. Castens. Dies zeigt, wie kurz die Zeit für eine solche Aufgabe bemessen ist. Oft kam mir das Wort aus dem Buch Kohelet in
den Sinn:

„Alles hat seine Stunde.
Für jedes Geschehen unter dem Himmel gibt es eine bestimm-
te Zeit:.
Eine Zeit zum Suchen.
Eine Zeit zum Verlieren.
Eine Zeit zum Behalten.
Eine Zeit zum Wegwerfen.
Eine Zeit zum Schweigen.
Und eine Zeit zum Reden. "

Prof. Dr. Oertzen, damals Kultusminister, sagte vor den Erwachse-
nenbildnern: „Während meiner Amtszeit habe ich kein Buch mehr
gelesen. Ich denke nicht daran, eine zweite Amtsperiode noch zu
übernehmen." Ob er an das Buch von Kohelet dachte, verriet er
nicht.
Eines Tages erarbeiteten wir im politischen Arbeitskreis sogar Vor-
schläge, wie durch Einsparungen auch in der Politischen Bildung
neue Akzente gesetzt werden könnten. Dieser Vorschlag fand in der
ganzen CDU Zustimmung. Nur der damalige Ministerpräsident
glaubte, anders entscheiden zu müssen. Das brachte eine große Ver-
stimmung. Uns wurde deutlich, daß wir nur eine beratende Funktion hatten. Den Mut zur Mitarbeit haben wir trotzdem nicht verloren.
Die Informationsquellen wurden durch diesen Arbeitskreis größer.
Das wußten wir zu nutzen, auch dem Katholischen Büro gegenüber.
Einmal wollte Dr. Marxen uns sogar mit einem Papier „streng ge-

heim" überraschen. Alle Mitglieder des LKA zogen es aber schon vorher aus der Tasche.

Dankbar war ich, daß keiner im LKA nach einer persönlichen Profilierung schielte. Das war eine seltene, aber auch erfreuliche Beobachtung in politischen Kreisen.

Die letzte Station in Niedersachsen

Eines Abends, schon zu später Stunde, besuchte uns Herr Friedrich Faber (1914 - 1981). Er war einer der vier Ratsmitglieder der Gemeinde Ahlten (wir wohnten damals in dieser Gemeinde). Er nannte sofort den Grund seines Besuches: „Herr Büngers, Sie müssen den Vorsitz des CDU Ortsverbandes übernehmen. Wir stehen vor einer wichtigen Gemeinderatswahl, wir brauchen junge Kräfte, Sie dürfen uns nicht alleine lassen." - Meine Frau und ich brauchten einen ganzen Sonntagnachmittag, bei einer Wanderung durch das Moor von Ahlten, um diese Bitte zu durchdenken. Wir wägten sie nach allen Seiten ab. Meine Frau bat mich eindringlich, diese Aufgabe nicht auch noch anzunehmen. Inzwischen hatten sich genügend Aufgabenfelder bei mir angesammelt. Sollte ich wirklich ein 'Hans Dampf' in allen Gassen werden?

Ich nahm das Amt trotzdem an, ich wollte mich nicht vor der Verantwortung drücken. Mit großer Anstrengung gewannen wir die Wahl. Die CDU zog als stärkste Partei in den Rat der Stadt Lehrte ein. Auf den Vorsitzenden fielen so viele Ämter, die ich vorher nicht geahnt hatte. Etwas später stand die Wahl des Stadtdirektors an. Ich engagierte mich für den Bewerber Dr. Surmann. In der entscheidenden Ratssitzung meldete ich mich auch zu Wort. Meine ersten Sätze wurden aber durch einen solchen Tumult niedergebrüllt, daß ich die Rede abbrechen mußte. Einige SPD-Mitglieder verließen sogar den Saal.

Ich wirkte wie betäubt, suchte meinen Platz, und der umsichtige Bürgermeister Lüders hatte alle Mühe, die Gemüter zu beruhigen. Lange brauchte ich, um diese Niederlage einzustecken und zu verarbeiten. Jetzt wuchs der Entschluß, so schnell wie möglich diese Aufgaben wieder abzugeben. Ich sorgte für einen guten Nachfolger (Günter Faber) und zog mich von allen Ämtern zurück. War es Eitelkeit oder die Gewißheit, solchen harten Diensten nicht gewachsen zu sein? Heute weiß ich, daß beides meinen Entschluß trug. Hinzu kam, daß selbst in den eigenen Reihen Widerstände gegen meinen Führungsstil aufkamen. Ich hatte plötzlich mehr Gegner als Mitarbeiter. Ein leitender Beamter der Stadtverwaltung meinte am Rande einer Sitzung: „Bei Ihren Beiträgen habe ich oft den Eindruck, Sie verwechseln den Sitzungssaal mit einem Hörsaal."

Das Interesse an dem politischen Geschehen ist bei mir bis heute nicht geringer geworden, wohl aber die Parteiarbeit. Ein Funktionär wollte ich nicht werden. Für die harte Arbeit in der Partei war ich bei meiner Empfindsamkeit nicht geschaffen. Ich lernte, damit zu leben, und suchte nach einem Platz, der meinen Stärken entsprach.

Kurz danach erlag ich einem Schwächeanfall. Die Ärzte, besonders Prof. Dr. Petersen, rieten mir dringend, eine längere Pause einzulegen. Ich folgte dem Rat, blieb eine zeitlang zu Hause, nahm eine vierwöchige Kur und zog mich dann noch eine Zeit in die Abgeschiedenheit des Zisterzienserklosters nach Marienstatt zurück. Hier erholte ich mich und konnte meine Verpflichtungen am Leibniz-Ufer wieder aufnehmen.

Seit 1972 hatte ich einen Lehrauftrag an der Katholischen Fachhochschule Norddeutschland für Sozialwesen in Vechta und an der Evangelischen Fachhochschule in Hannover; ebenso seit dem Sommersemester 1973 – 1977 an der Technischen Universität in Hannover.

Herr Helmut Kulle, Studiendirektor im Hochschuldienst, den ich seit vielen Jahren kannte, riet mir zur Promotion. Ich nahm ein Studium an der Universität mit dem Studienfach Pädagogik auf (Sommersemester 1972 bis Wintersemester 1979). Damit erfüllte ich die Voraussetzung für die Zulassung. Ein Lehrender und Lernender an der Universität zu sein, erfüllte mich: Die Mitarbeiterfortbildung in der Erwachsenenbildung war eine hilfreiche Ergänzung. Unter diesen Voraussetzungen nahm Herr Prof. Dr. Ammen meinen Plan für eine Promotion an. In den vielen Gesprächen erlebte ich eine bis daher nie gekannte Menschlichkeit zwischen Hochschullehrer und Student. Eine bessere Motivation hätte ich nicht haben können. Ich arbeitete an dem Werk in jeder freien Minute, auch in vielen Nächten.

Herr Prof. Dr. Ruprecht, den ich als zweiten Referenten gewinnen konnte, kannte ich aus vielen Begegnungen in der Erwachsenenbildung. Auf Vorschlag von Herrn Ammen deckte ich mit Prof. Dr. Rosenthal das zweite Nebenfach Berufspädagogik ab. Er war zu der Zeit Honorarprofessor an der Universität. Herr Helmut Kulle, Studiendirektor im Hochschuldienst, der den Alltag der Universität kannte, half mir, keine unnützen Wege zu gehen. Mein Dank gilt den akademischen Lehrern bis zum heutigen Tag.

Am 13. Februar 1982 wurde ich zum Dr. phil. promoviert. Das war mein Schlußstein in Hannover. Jetzt wollte ich in die alte Heimat zurück.

Aufgrund der Initiative von Herrn Dipl.-Ing. Thonemann erhielt ich für meine Bemühungen in der Erwachsenenbildung „das Verdienstkreuz am Bande des niedersächsischen Verdienstordens" am 15. August 1983. Mußte ich mich zieren, hatte ich eine solche Ehrung verdient? Ein solches Verhalten hielt ich für einen Fall von subtiler Eitelkeit. Ohne in die zitierte Eitelkeit zu verfallen, nahm ich die Auszeichnung stellvertretend für die guten Mitarbeiter am Leibniz-Ufer an, für die Mitarbeiter der katholischen Erwachsenenbildung und insbesondere für die alten Menschen, die einen großen Teil meiner Arbeit in den letzten Jahren ausgefüllt hatten.

Mit der folgenden Rede verabschiedete ich mich aus Hannover:

„Lieber Herr Bischof,

meine sehr verehrten Damen und Herren,

ich danke Ihnen für das gute Wort, das hier gesprochen wurde. Ich danke Ihnen für Ihr Kommen. Ich nehme all dieses an, stellvertretend für die Menschen, mit denen ich arbeiten durfte und insbesondere für die alten Menschen, denen ich in der Erwachsenenbildung einen besonderen Schwerpunkt geben wollte.

Wenn man über die Arbeit, die ich hier tun durfte, nachdenkt, geht einem vieles durch den Kopf und mir noch mehr durch das Herz.

Lassen Sie mich zum Schluß ein paar persönliche Dinge einbringen, ein paar persönliche Fragen beantworten, die mir im nachhinein wichtig erscheinen.

Ein Kollege meinte vor vielen Jahren: Man sehe mir nicht nur äusserlich meine bäuerliche Herkunft an, sondern auch in manchen Beiträgen spüre man dies deutlich!.

Über diese Äußerung habe ich mich nie geärgert, auch nie, sie zu verraten oder zu verbergen versucht. Ich komme aus einem kleinen Bauerndorf aus der Eifel, unweit der belgischen Grenze. Wer von Ihnen sich ein wenig in der Geographie und Geschichte unseres Landes auskennt, weiß, welche Bedeutung im letzten Weltkrieg dieses Land gespielt hat. Das Klima ist sehr rauh und der Boden sehr karg. Ich komme aus dieser Gegend, aber in meinem Elternhaus wurde nicht mit der Gabel auf dem Kopf gekratzt. Hier, in diesem Elternhaus habe ich das Danken, Teilen und Beten gelernt.

Ich habe nie erlebt, daß meine Mutter einen Bettler je von der Tür geschickt hat, ohne ihm ein Stück Brot zu geben. Aus dieser Geschichte kommend, habe ich sie, diese Geschichte, versucht, in den Lernprozeß einzubringen.

Ein weiteres: Ein anderer Kollege meinte: Manchmal sei ich für die Erwachsenenbildung zu empfindlich. Auch dies stimmt – vielleicht. Ich weiß, daß ich dafür manch hohen Preis zahlen mußte. Aber ich will in dieser Stunde auch meine Begründung nennen.

Vor vielen Jahren nahm ich an einer Domführung in Aachen mit dem bekannten Domführer Stephany teil. Nach dieser Besichtigung, nach dieser Domführung, Stephany: 'Wenn Sie mir folgen konnten, dann müßten Sie beim Berühren der Säulen die Geschichte des Raumes fühlen. Sie müßten sensibilisiert sein für diese Kostbarkeiten, die dieser Raum birgt. '

Das hat mich getroffen. Ich habe mich danach oft an die stummen Säulen gelehnt. Dieses Anlehnen hat mich nicht ohne Wirkung daran erinnert, daß mit uns die Geschichte weder begonnen hat noch enden wird. Das war nicht selten heilsame Ernüchterung und aufrichtiger Trost zugleich. Das Anlehnen an die lebenden Säulen hat mich gelehrt: ‚Es gibt keinen Ersatz für das lebendige Gespräch mit den Zeugen unserer Geschichte. Diese Generation hat den Abgrund ausgemessen zwischen Möglichkeit und Wirklichkeit, zwischen Vorstellung und Erfüllung. Die Weisheit des Alters konnte dort entstehen, wo man sich mit den eigenen Grenzen zurechtgefunden hat.' (Guardini).

In meinem letzten Seminar im St. Jakobushaus in Goslar habe ich die alten Menschen gefragt und sie gebeten: „Formulieren Sie doch Ihr geistiges Testament."

Sie berichten, die alten Menschen, nicht von einem glücklichen Leben, aber von einem geglückten. –

In der Pause des Seminars fragte eine junge Kollegin: ‚Wie heißt denn Ihr geistiges Testament?'

Ich kehre auf die Höhen der Eifel zurück. Dort gibt es einen großen Soldatenfriedhof. Der Künstler hat in das Mahnmal eingemeißelt: ‚Lasset zuerst die beiden Engel der Menschheit kommen, die Menschlichkeit und den Frieden. Was die Sache der Menschheit ist, gedeihet dann gewiß!' (Friedrich Hölderlin)

Das war und ist das Lernziel. Oft habe ich dies nicht erreicht. Aber dann habe ich auch darunter gelitten.

Die mich während der Jahre getragen und ertragen haben, denen danke ich aufrichtig. Diese Erinnerung hole ich mit in die Heimat. Jedem einzelnen möchte ich danken. Ich bin mir bewußt geworden, wieviel Dank ich den Menschen schulde, die mir in den 14 1/2 Jahren begegnet sind und mir ihr Vertrauen und ihre Treue geschenkt haben.

Das Wissen um die treue Verbundenheit ist eine Kraft, die in die Zukunft trägt.

Erhalten und vertiefen wir, verehrte Kolleginnen und Kollegen, uns die Liebe zu den suchenden Menschen. Erhalten wir uns das Gespür für ihre Fragen.

Lassen Sie mich mit einer kleinen Geschichte von Ihnen verabschieden:

‚Rainer Maria Rilke ging in der Zeit seines Pariser Aufenthaltes regelmäßig zu einem Platz, an dem eine Bettlerin saß, die um Geld anhielt. Ohne je aufzublicken, ohne ein Zeichen des Bittens oder des Dankes zu äußern, saß die Frau immer am gleichen Ort. Rilke gab nie etwas, seine französische Begleiterin warf ihr häufig ein Geldstück hin.

Eines Tages fragte die Französin verwundert, warum er nichts gebe. Rilke antwortete: „Wir müßten ihrem Herzen schenken, nicht ihrer Hand."

Wenige Tage später brachte Rilke eine eben aufgeblühte weiße Rose mit, legte sie in die offene, abgezehrte Hand der Bettlerin und wollte weitergehen. Da geschah das Unerwartete: Die Bettlerin blickte auf, sah den Geber, erhob sich mühsam von der Erde, tastete nach der Hand des fremden Mannes, küßte sie und ging mit der Rose davon.

Eine Woche lang war die alte Dame verschwunden, der Platz, an dem sie vorher gebettelt hatte, blieb leer. Nach acht Tagen saß sie plötzlich wie früher an der gewohnten Stelle. Sie war stumm wie damals, nur wiederum ihre Bedürftigkeit zeigend durch die ausgestreckte Hand: Aber wovon hat sie denn in all den Tagen gelebt, fragte die Französin. Rilke antwortete: „Von der Rose.

– Darf ich Ihnen die Rose schenken?"

Die letzte Station: Bonn

Ich wußte von einer Kollegin, Frau Dr. Eva-Maria Dennebaum, Deutscher Caritasverband, Freiburg, daß die Stelle eines Referenten für Altenbildung in der Zentralstelle Pastoral der Deutschen Bischofskonferenz nicht besetzt war. So führte ich bald Gespräche mit Herrn Prälat Anton Schütz, dem Leiter der Zentralstelle.

Mein Wunsch, mit 52 Jahren noch etwas Neues zu beginnen, und mein Heimweh nach den Wurzeln, brachten uns bald zu einem ersten Treffen. Die Erwartungen von Prälat Schütz und meine Vorstellungen für eine solche Arbeit bewogen mich, mich zu bewerben.

Die Bewerbung ging durch die entsprechenden Gremien und bedurfte zum Schluß noch der Zustimmung des zuständigen Ortsbischofs, Heinrich Maria Jansen, Hildesheim.

Ich begann im Oktober 1982 mit der Einarbeitung. Im März 1983 habe ich meinem Nachfolger, Herrn Stuntebeck, alle Aufgaben übergeben.

Der Wechsel von einem großen Arbeitszimmer in ein kleines und lautes Büro machte mir doch mehr zu schaffen, als ich glauben wollte. Oft verglich ich dieses Arbeitszimmer mit einer „Rumpelkammer". Ich ging von Hannover, weil ich mich in den letzten Jahren meiner beruflichen Arbeit nur noch auf die Inhalte der Erwachsenenbildung/Altenbildung konzentrieren wollte. Um eine solide Arbeit zu leisten, war ich aber von äußeren Arbeitsbedingungen abhängig. Bei den vielen Konferenzen, der Hektik der Mitarbeiter und dem mir noch fehlenden Überblick, verglich ich oft das Sekretariat der Deutschen Bischofskonferenz mit einem Hühnerhof. Mit einem Hühnerhof, der von vielen Eindringlingen durcheinander gescheucht wurde. Ich brauchte lange, ehe ich meinen Platz fand. Als Geschäftsführer des Katholischen Altenwerkes (KAW) suchte ich Kontakt zu den Verantwortlichen in den Diözesen. Jede Diözese besuchte ich. Nur in einer Diözese wurde ich nicht empfangen. Der Generalvikar versteckte sich immer hinter einem überfüllten Terminkalender.

In allen übrigen Diözesen fand ich eine wohltuende Unterstützung, besonders in Freiburg bei Herrn Prälat Alois Stiefvater und seinem Geschäftsführer Karl Rombach; auch bei Frau Anne Goeken. Vor ihrer Pensionierung war sie Referentin für Altenhilfe beim Deutschen Caritasverband. Eine aufrichtige Herzlichkeit begleitete mich bei meinen vielen Besuchen.

Das gleiche erlebte ich bei Herrn Dipl.-Ing. Salomon. Er war viele Jahre im Vorstand des KAW und Vorsitzender des Diözesan-Altenwerkes in Würzburg. Frau Klein und Herr Hartmann boten mir viel Hilfe bei meinem Neubeginn. So überblickte ich nach und nach die vorgegebenen Strukturen. Diese Begegnungen ließen bei mir erkennen, daß meine Chance nur in den inhaltlichen Angeboten liegen konnte.

Vom Tagesgeschehen in der Zentralstelle zog ich mich weitgehend zurück. Das gestand mir Prälat Schütz mit jedem Jahr mehr und mehr zu. Er besorgte mir einen Büroraum, der etwas abseits lag. Ich bekam den normalen Ablauf des Tages im Sekretariat nicht mehr mit.

Als ich die Arbeit im Altenwerk begann, war Prälat Andermahr, Geistlicher Leiter der Katholischen Arbeiterbewegung (KAB) mit Sitz in Köln, Vorsitzender. Trotz der Entfernung litt die Arbeit nicht. Als er den Vorsitz abgab, zog es ihn als Pfarrer in seine Heimatdiözese Essen zurück.

Ein langes Suchen für den Nachfolger begann. Auf Bitten des Vorstandes fragte ich bei zehn Persönlichkeiten an, ob sie die Arbeit als Vorsitzender fortsetzen wollten. Alle winkten ab. Endlich konnte ich Herrn Prälat Schütz bewegen, den Vorsitz zu übernehmen. Er zögerte lange, doch später willigte er ein.

Meine Erfahrungen von Limburg und Hannover ließen in ihm die Gewißheit erkennen, daß ich ihm vieles abnehmen konnte. Als Referent der Erwachsenenbildung in der Zentralstelle Pastoral gelang mir der Einstieg leichter, zumal ich die Kollegen auf Bundesebene kannte.

Da wir uns auch menschlich immer besser verstanden, wurden die Zeiten für mich einfacher. Es war eine Art freundschaftlicher Beziehungen gewachsen.

Bei Prälat Schütz ist mir sehr früh aufgefallen, wie er mit seiner kranken Schwester umgegangen ist. Für ihn war es bei unseren Seminaren selbstverständlich, den Damen die Koffer zu tragen. Das Wort „Chef", so wurde er von den Mitarbeitern genannt, ist mir nie über die Lippen gekommen.

Bei den Mitgliederversammlungen des KAW mußten selbstverständlich auch Regularien abgeklärt werden. Diese nahmen anfangs einen kleinen Raum ein. Im Mittelpunkt standen Themen, die etwas mit unserem Selbstverständnis zu tun hatten: „Sag mir, wie das Leben geht".

In jedem Jahr boten wir für die Multiplikatoren ein Thema an, das etwas mit dem Alltag des Menschen zu tun hatte. Ich kann mich nicht erinnern, daß einem Themenvorschlag nicht zugestimmt wurde. Auch wurde nie ein Seminar aus finanziellen Gründen oder aufgrund geringer Teilnahme abgesagt.

Schmerzlich traf mich, wenn während einiger Mitgliederversammlungen wenige hauptamtliche Mitarbeiter aus den Diözesen stärker die Strukturdebatten in die Mitte rückten, oder wenn zu lange nach den Schwächen des KAWs gesucht wurde. Das brachte mich aus dem Gleichgewicht. Ich merkte auch, wie meine Empfindlichkeit von Jahr zu Jahr wuchs.

Bei diesen Debatten spürte ich keinen Unterschied zwischen einem Altenwerk von Katholiken verantwortet und einem Altenwerk in der Trägerschaft einer Kommune. Ich hatte viele Jahre die Strukturdebatten bei der katholischen Erwachsenenbildung auf Bundesebene in Bonn erlebt. Nach meiner Einschätzung hatte sich wenig geändert. Erst als Herr Dr. Walter Klöppel, damals Leiter des Windthorst-Hauses, den Vorsitz der Bundesarbeitsgemeinschaft übernahm, brachte er einen anderen Ton und neue Akzente in die Diskussionen.

Ich höre heute noch, wie damals Prälat Anton Kner den Altenbildnern zurief: „Gehet behutsam miteinander um!"

Bei einer Mitgliederversammlung in Rastatt eröffnete ich Prälat Schütz in einer Pause offen meine Verwundbarkeit. Er nahm mich wie ein guter Freund in den Arm: „Ich helfe Ihnen und schütze Sie vor diesen Machern!"

Ich erkannte die Stunde meines Abgangs. Es blieb noch Zeit, meinem Nachfolger die Arbeit zu übergeben. Vor einiger Zeit erfuhr ich, daß die früheren „Macher" sich zurückgezogen haben, aber neue tauchen auf.

Die intensive Arbeit bei La Vie Montante, einer Altenbewegung in den französisch-sprachigen Ländern, schärfte mir ebenso den Blick für die Notwendigkeit, Hilfen für das Leben anzubieten.

Prälat Schütz und ich gewannen in Rom, Paris, Madrid, Lissabon und nicht zuletzt in Panama die Überzeugung, daß wir nur glaubhaft werden in der Bildungsarbeit, wenn wir bereit sind, den Menschen zu dienen. Aber auch wenn wir überzeugt sind, nicht alles machen zu können und zu müssen.

Wenn ich von diesen Konferenzen bei La Vie Montante heimkehrte, fragte mich meine Frau oft: „Was hast Du aus diesen Begegnungen mitgebracht?" Mir kam nur eine Antwort: „Wenn ich bis zum Ende meiner Tage immer so liebevoll mit Dir umgehe wie die alten Menschen in diesen Konferenzen, dann war nicht alles umsonst."

Ich blicke noch einmal in die Etage der Zentralstelle zurück. Ich sehe Herrn Prälat Vincenz Platz. Vor meiner Schilddrüsenoperation teilte er in liebenswürdiger Weise meine Angst. Dafür danke ich ihm bis über seinen Tod hinaus.

Ich sehe Frau Meng und Frau Gotters. Sie haben nicht nur solide Arbeit für mich geleistet, sondern auch in gleichbleibender Freundlichkeit immer wieder meine Entwürfe und Manuskripte geschrieben. Ein Meckern kam ihnen nie in den Sinn. Sie waren ein Licht im dunklen Gang.

Hans Gasper schenkte mir als Mitherausgeber des Lexikons der Sekten, Sondergruppen und Weltanschauungen, erschienen bei Herder, dieses Buch zum Abschluß. Mit zarter Schrift schrieb er: „Mit herzlichem Dank, daß Sie bei uns waren."

Wenn ich jetzt die Stationen von Limburg, Hannover und Bonn zusammenfassen müßte, fällt mir das Gedicht von Jena Rammend Dimenez ein:

Meere,
Ich spür', daß mein Schiff
Dort in der Tiefe auf etwas Großes
Gestoßen ist
Und nichts geschieht! Nichts ... Ruhe ... Wogen ...
Nichts geschieht, oder ist alles geschehen,
und wir sind schon in der Stille mit dem Neuen vertraut?

„Je schöner und voller die Erinnerung,
desto schwerer ist die Trennung.
Aber die Dankbarkeit verwandelt
die Erinnerung in eine stille Freude.
Man trägt das vergangene Schöne
nicht wie einen Stachel,
sondern wie ein kostbares Geschenk in sich."

Dietrich Bonhoeffer

INHALTLICHE ANGEBOTE

Die Themen der Seminare sind entstanden nach einem langen Suchen meiner immer wieder gestellten Frage: Was ist wichtig? Sie sind entstanden durch die Begegnungen mit den älteren Menschen. Es lag mir viel daran, daß wir nicht nur etwas in sie hineintragen, sondern auch aus ihnen etwas herausbringen.

Es gab Referate, Gespräche, viele stille Zeiten und das Angebot einer Eucharistiefeier.

Große Anstrengungen verwendeten wir für ein Lernklima, in dem jeder wagte, sich einzubringen.

Mit einer kleinen Auswahl von Themen möchte ich meine Akzente verdeutlichen ...

Das Leben hat Sinn

Die Einladung:

Sehr geehrte Damen und Herren!

„Entschuldigen Sie bitte, haben Sie Zeit?" Vielleicht werden Sie gelegentlich so gefragt, und Sie antworten: „Ja, gerne", oder Sie müssen sagen: „Ich habe leider keine Zeit für Sie."

Haben Sie jetzt Zeit? Zeit, um mit uns über das Thema: „Das Leben hat Sinn" nachzudenken?

Die Erfahrungen der Grenzen, die wir in Krankheit, in Versagen und Leid, aber auch in Glück und Erfüllung machen, führen uns immer wieder dazu, die Frage nach dem Sinn des Lebens zu stellen.

Sie quält mit unterschiedlicher Dringlichkeit. Viele von uns erkennen heute kaum noch übergreifende Perspektiven für das eigene Leben, für das Leben unserer Kinder und für die Zukunft der Menschheit. Wertneutrale Institutionen können dem Menschen nicht das geben, was ihm letztlich fehlt und was daher sein Leben oft so bedrohlich erscheinen läßt, einen ihn leitenden Sinnhorizont, in dem sein Leben eingeordnet werden kann.

Auch und gerade der christliche Glaube ist herausgefordert. Welche Antworten vermag er anzubieten, und wie läßt sich seine Botschaft in der Gegenwart sinnstiftend vermitteln?

Der Abt der Zisterzienserabtei Marienstatt im Westerwald, Dr. Thomas Denter OCist, hat in der Adventszeit im Jahre 1981 mit uns in einem Seminar nach Lösungsmöglichkeiten gesucht.

Heute lade ich auch Sie herzlich ein, die hier aufgezeichneten Möglichkeiten bei der Suche nach dem Sinn des Lebens mit zu beachten. Vielleicht öffnet sich Ihr Herz für eine weitere und tiefere Sicht, und Sie können über die engeren Räume und kurze Zeitspanne des eigenen Lebens hinausschauen.

Es gibt Gründe, zu hoffen. Die Zukunft der Welt hat ein anderer in der Hand als der Mensch mit seiner Selbstsicherheit.

Psalm 34

Ich will Gott preisen Tag für Tag.
Ich will singen, was er für mich getan hat.

Ich freue mich, dass Gott sich
um mich armen Menschen kümmert.
Ich will, daß die Verlassenen es hören
und sich mit mir freuen.

Ich suchte nach Gott,
ich redete zu ihm und suchte Antwort,
da hörte er mich
und befreite mich von meiner Angst.

Wer sich an Gott wendet,
der wird Gottes Glanz spiegeln.
Sein Gesicht wird hell sein von Freude ...

Der Herr ist nahe bei denen,
die an sich selbst verzweifeln.
Er hilft denen,
die unter ihrer Schuld zerbrechen,
wie ein Lasttier stürzt,
dem die Lasten zu schwer sind –
und nimmt ihre Schuld von ihren Herzen.

Es mag vielerlei Leiden geben für die,
die sich um Gottes Willen mühen,
aber keine Not, in der sie allein sind ...

aus: Womit wir leben können, von Jörg Zink

Inhaltsübersicht

In der Wüste leben
- Die Suche nach Sinn und die Antwort des Glaubens
Der Mensch auf der Suche
- nach Erfolg oder Glück (Sinn)?
Die Frage nach Sinn
- menschliche Grundfrage
Die Sinnfrage auf dem Hintergrund unserer Gesellschaft
Sinn und Leben finden in der Wüste verbreiteter Sinnlosigkeit
Sinn in der Nachfolge

Mein Leben hat Sinn

Interview

Wenn er kommt der Besucher,
Der Neugierige und dich fragt,
Dann bekenne ihm, daß du keine
Briefmarken sammelst,
Keine farbige Aufnahmen machst,
Keine Kakteen züchtest.
Daß du kein Haus hast,
Keinen Fernsehapparat,
Keine Zimmerlinde.
Daß du nicht weißt,
Warum du dich hinsetzt und schreibst,
Unwillig, weil es dir kein Vergnügen macht.
Daß du den Sinn deines Lebens immer noch nicht
Herausgefunden hast, obwohl du schon alt bist.
Daß du geliebt hast, aber unzureichend,
Daß du gekämpft hast, aber mit zaghaften Armen.
Daß du an vielen Orten zuhause warst,
Aber ein Heimatrecht hast an keinem.
Daß du dich nach dem Tode sehnst und ihn
fürchtest.
Daß du kein Beispiel geben kannst als dieses:
Immer noch offen.

Marie Luise Kaschnitz

Wer hätte nicht schon erfahren, was Marie Luise Kaschnitz
hier ausgespochen hat? - Darum
heißt sinnvoll leben: Immer über das Erreichte
hinausgreifen. Sich nicht abfinden mit dem Jetzt
und Heute. Offen sein für das Neue. Enge und
kleinliche Wünsche beengen das Leben;
Hoffnung, die weit ausgreift und viele umfaßt,
öffnet das Leben. –

Woran liegt es, daß mit unserem Reichtum
unsere Freude, unser Geschmack am Leben
nicht mitgewachsen sind? Viele technische
Fertigkeiten konnten wir steigern, gleichzeitig
aber haben wir an Lebenskunst verloren. Verbirgt
sich hinter der Suche nach dem Leben auch das
Verlangen nach einer anderen Einladung zum
Leben, nämlich auf die Freude zu setzen, die
Jesus im Namen Gottes denen verspricht, die
barmherzig miteinander umgehen. Hunger
und Durst nach Gerechtigkeit haben, teilen
wollen, leiden am eigenen und fremden Leid?

Mit welcher Hoffnung können wir die Fragenden
und Suchenden ermutigen? –

Ich lade Sie dazu herzlich ein in die Stille von
Feldafing. Vielleicht öffnet sich Ihr Herz für eine
weitere und tiefere Schicht, und Sie können über
die engeren Räume und die kurze Zeitspanne
des eigenen Lebens hinausschauen. Es gibt
Gründe, zu hoffen. Die Zukunft der Welt hat ein
anderer in der Hand als der Mensch mit seiner
Selbstsicherheit.

Dr. Helmut Büngers

Inhaltsübersicht

Bringe Deine Tränen in meinen Krug
Umgang mit Trauer

... Nahte das Sterben dir schrecklich?
War es dein Feind?
Hast du dich ihm ans Herz geweint?
Rainer Maria Rilke

Programm:

- Abschied und Schmerz – die letzten Erfahrungen im Leben?
  Die mit Tränen säen, werden mit Jubel ernten (Ps 126,5)
  Prälat Anton Schütz, Bonn

- Ist Trauern lernbar? Sich auf Verlusterlebnisse des eigenen
  Lebens einlassen
  Eberhard Weidler, Arzt und Theologe, München
  Hanna Dusch-Seifert, Dipl.-Psychologin, München

- Im Tal der Tränen leben
  Prof. Dr. Gertrud Krüskemper, Bochum

- Verwundetes Leben annehmen und durch Verarbeiten heilen
  Prof. Dr. Horst Ruprecht, Hannover

- Selig die Trauernden, denn sie werden getröstet werden (Mt 5,4)
  Abt Dr. Thomas Denter OCist, Marienstatt

Mit diesem Programm möchten wir einladen, gemeinsam nach
Wegen zu suchen, die aus der Erstarrung herausführen. Wir möch-
ten dazu ermutigen, sich aufzumachen auf den steinigen Weg des
Trauerns. Am Ende stehen nicht Tod und Verlust, sondern der Wan-
del, neue Aspekte der eigenen Existenz.
Herzlich sind Sie nach Würzburg eingeladen.

Meine Frau und ich schenkten jedem Teilnehmer zum Abschied einen kleinen Krug.

Aus dem Wort Gottes leben

Während des letzten Katholikentages in München berichtete der Kardinal Prof. Dr. Friedrich Wetter in einer Predigt vor älteren Menschen, er habe vor wenigen Tagen seinen früheren Spiritual besucht. Nach seinem Befinden befragt, habe der Spiritual ihm gesagt: „Das Alter ist sehr schön. Ich habe viel Zeit zum Beten. Wenn ich nachts nicht mehr schlafen kann, stehe ich auf und bete die Psalmen oder lese in der Heiligen Schrift. Das gibt mir Kraft und viel Hoffnung."
Greifen auch wir in schlaflosen Nächten nach den Psalmen?
Die Tatsache, daß vor dreißig Jahren doppelt so viele Menschen sonntags zum Gottesdienst gingen als heute, läßt die Frage aufkommen, was haben diese Menschen, die vor dreißig Jahren noch dabei waren – das sind unsere Nachbarn, Freunde, z. T. unsere Kinder – falsch gemacht, daß sie heute nicht mehr dabei sind? Oder haben wir etwas falsch gemacht, sie vor den Kopf gestoßen, die Botschaft von Jesus in einer Sprache gesprochen, die sie nicht verstanden? Ich stelle mir die Frage: Wo werde ich in fünf oder zehn Jahren stehen? Gewiß, ich nehme mir fest vor, in der Gemeinschaft der Betenden zu bleiben – aber die vielen, die nicht mehr dabei sind – sie hatten sich das auch vorgenommen. Was kann ich da für mich, für andere tun?
Unser Seminarangebot verstehen wir als eine Hilfe, um aus dem Wort Gottes leben zu lernen. Glaube bedarf der Kommunikation, bedarf des Gespräches. Haben wir Hemmungen, über unseren Glauben, über unsere Glaubensschwierigkeiten zu sprechen?
Das Seminar könnte ein Ort werden, dies zu üben. Wenn wir uns einlassen, könnten wir befähigt werden, es denen weiterzutragen.
Schon früh haben hellsichtige Leute das Wort vom „zweiten Mut" formuliert. Wir müssen auch den Mut haben, durchzuhalten. Wir sind nicht nur im Aufwind, sondern müssen mit viel Gegenwind rechnen.
Im biblischen Menschen begegnen wir oft uns selbst, unserer Geschichte, und wir lernen, uns so als einen Menschen begreifen, der vor Gott, vor allem aber unter Gottes heilendem Handeln steht. Dies gilt für alle, die die Heilige Schrift als Anrede Gottes in ihrem Leben verstehen.

Für die älteren Menschen, denen es eigen ist, neben dem Blick nach vorn, auch zurückzublicken, erhält diese Dimension der Schrift eine besondere Bedeutung. Es geht nicht um eine kognitive Aufnahme des Inhaltes eines gedruckten Textes. Es geht darum, daß der einzelne eingeführt werden muß in seine persönliche Auseinandersetzung mit dem Wort, das ihn im Lesen trifft, das immer neu als Anruf an ihn ergeht und seine Antwort fordert. Dieser existentielle Rückbezug muß als die Grundhaltung des Zugangs zur Schrift von uns immer vorbereitet und eingeübt werden. Es geht um eine Begegnung mit der Heiligen Schrift, die es ermöglicht, Stütze und Antwort für die Bewältigung seiner letzten Lebensphase zu gewinnen. Es kann somit der Weg zu seiner für ihn heilvollen Form der Auseinandersetzung mit seinem Glauben und seiner Lebensform gelingen. Wer mit älteren Menschen die Bibel liest, muß dies im Blick behalten. Das ist ein Grund, warum wir zu diesem Thema eingeladen haben.

Nun meine letzte Begründung für das Seminar „Aus dem Wort Gottes leben". Ich entnehme sie aus dem Psalm 78, 3-7:

„Was wir gehört und erfuhren,
und was unsere Väter erzählten,
das wollen wir vor ihren Söhnen nicht verbergen,
sondern dem späteren Geschlecht erzählen:
die Ruhmestaten Jahwes und seine Macht und seine Wunder,
die er getan ...
Er stellte eine Satzung in Jakob auf
und gab in Israel eine Weisung,
da er unseren Vätern befahl, sie ihren Söhnen zu künden.
Wissen soll es das spätere Geschlecht,
die Söhne, die geboren werden.
Sie sollen aufstehen und es wieder ihren Söhnen erzählen,
damit sie auf Jahwe ihre Zuversicht setzen
und die Großtaten Gottes nicht vergessen
und seine Gebote einhalten."

Bonn, den 12, Juni 1986
Dr. Helmut Büngers

Inhalt

Aus dem Wort Gottes leben
- Sag mir, wie geht denn das, Leben?
- Die Antwort Gottes auf die Fragen unseres Lebens und die Frage nach dem Leben ...
- Was bedeutet dann Glaube für Abraham und für uns?
- Wie kann ich die Heilige Schrift lesen?
- Die Frucht des Lebens aus dem Wort Gottes

Prälat Anton Schütz, Leiter der Zentralstelle Pastoral der Deutschen Bischofskonferenz, Bonn

Das Leben beten
- Die Psalmen – gebetetes Leben alttestamentlicher Menschen
- Der klagende Mensch in den Psalmen
- Klage und Lob als Pole alttestamentlichen Betens in den Psalmen
- Wege/Möglichkeiten des Psalmengebetes
- Vom Beten der Psalmen – Den Geist der Psalmen entdecken

Abt Dr. Thomas Denter OCist, Abtei Marienstatt, Westerwald

Höre, Israel!
Jahwe, unser Gott, Jahwe ist einzig.
Darum sollst du den Herrn, deinen Gott,
lieben mit ganzem Herzen,
mit ganzer Seele und mit ganzer Kraft.

Diese Worte, auf die ich dich heute verpflichte,
sollen auf deinem Herzen geschrieben stehen.
Du sollst sie deinen Söhnen wiederholen.
Du sollst von ihnen reden, wenn du zu Hause sitzt
Und wenn du auf der Straße gehst,
wenn du dich schlafen legst und wenn du aufstehst.
Du sollst sie als Zeichen um das Handgelenk binden.
Sie sollen zum Schmuck auf deiner Stirn werden,
du sollst sie auf die Türpfosten deines Hauses
und in deine Stadttore schreiben.

(Dtn 6,4-9)

Bildungsarbeit mit alten Menschen

Ein Wort zuvor ...

Wer Bildungsarbeit mit alten Menschen mitgestaltet, für den ist es erforderlich, ein Bild vom alten Menschen und vom Altern zu haben. Nach Romano Guardini gehört es zu den fragwürdigsten Erscheinungen unserer Zeit, daß sie wertvolles Leben einfachhin mit Jungsein gleichsetzen ... „Kapituliert der Mensch vor dem Altwerden, gibt er das Leben im ganzen preis und klammert sich an das, was noch ist. Die positive Bewältigung der Krise besteht in der Annahme des Alters ... in dem Maße, in dem der Mensch diesen Prozeß mitvollzieht, wird er durchsichtig für den Sinn."
Den Menschen, die einen Entwurf für ihre Lebenspraxis suchen, hat die Erwachsenenbildung aus christlicher Verantwortung ein christliches Lebenswissen anzubieten. Die Lebenshilfe wird dann verwirklicht, wenn sie die Sinnfrage des Lebens einbezieht.
Das Leben menschlich und menschlicher zu gestalten, erfordert, mehr voneinander zu wissen und miteinander zu sprechen.

...

Theoretische und praktische Überlegungen sollen miteinander in Einklang gebracht werden.
Der Erwachsenenbildner muß nach inneren Energien suchen, damit er das Lebenswissen glaubwürdig anbieten kann.
Eine Gelegenheit dazu wollen wir mit unserem Seminar anbieten.

Inhalt:

Zur Spiritualität des Altenbildners

Ein Wort zuvor ...

Künftige Spiritualität

Zur Einstimmig in das Seminar ...
Die Gesinnung Jesu
Gott – Mensch – Welt
Prälat Anton Schütz, Bonn

Die spirituellen Möglichkeiten des Alltags entdecken
Von den Chancen einer weltzugewandten Frömmigkeit im Alter
Prof. Dr. Otto Betz, Hamburg

Spiritualität und Personalität des Altenbildners
Prof. Dr. Horst Ruprecht, Hannover

Lebensweisheiten der Benediktsregel
Zur Spiritualität des Altenbildners
Der spirituelle Alltag des Altenbildners
Abt Dr. Thomas Denter OCist, Marienstatt

Ein Wort zuvor ...

Die Teilnehmer von Würzburg baten mich eindringlich, das Seminar zu dokumentieren. Zwei Gründe haben mich nach einem gewissen Abstand bewogen, der Bitte zu entsprechen:
Ich möchte mit den Ausführungen von Würzburg allen, die dabei waren, unsere Erlebnisse aus dem Seminar wieder einmal näherbringen. Für diejenigen, die nicht in Würzburg waren, können die Ausführungen eine Möglichkeit bieten, eine neue Sicht in der Arbeit mit und für alte Menschen zu gewinnen.
Den Referenten, allen Teilnehmern aus dem Seminar und den Schwestern aus dem Kloster Oberzell möchte ich noch einmal herzlich für die Tage danken.
Herr Prälat Schütz macht in seinem Beitrag darauf aufmerksam, daß unser pastoraler Dienst unter dem Auftrag steht, Gottes grenzenlose und bedingungslose Liebe zu verkünden und zu bezeugen. Er sucht mit uns die geistigen und theologischen Wurzeln, deckt die Fundamente auf, auf denen unser Sprechen (Verkündigung), Leben (Liturgie) und Handeln (Martyria) gründen.
Herr Prof. Betz brachte eine Tagebuchnotiz von Romano Guardini in Erinnerung: „Heute habe ich zum ersten Mal verstanden, was es heißt, alle Dinge sprächen von Gott. Er hat alles und darin jedes einzelne geschaffen. Er steht hinter jeder Faser Wirklichkeit. Alles ist immerfort durch Ihn. Wer das erfährt, erfährt Ihn in allem. Immer anders, so, wie dieses Blatt ist, wie dieser Bach rauscht, wie hier das Licht um die Bäume ist. Und immer ist es Er." – Jeder wird in den Ausführungen spüren, wie Prof. Betz die Notiz seines heute noch so geschätzten Lehrers bewegt. Immer macht er auf das Geheimnis des Schöpfers aufmerksam, der sich in vielen Gestalten dieser Welt zu erkennen gibt. Herr Prof. Betz wollte mit uns heraussuchen und finden, was hinter den Alltagsdingen für eine verborgene Dimension steht. Als Voraussetzung für diese Wahrnehmungen ist für ihn der wache Sinn, und daß wir uns überraschen lassen. Denn die Frömmigkeit, die uns Heutigen not tut, darf nicht aus der Welt führen. Ein Hinhören auf Gott bedeutet nicht ein Weghören von der Welt und von den Menschen. All diese Aspekte haben es mit der Spiritualität zu tun.
Dadurch, daß Herr Prof. Ruprecht um die Erwachsenen- und Alten-

bildung in christlicher Verantwortung weiß und durch die langjährige Mitarbeit im Deutschen Volkshochschulverband auch die Volkshochschulen kennt, gewannen seine Ausführungen „Spiritualität und Personalität des Altenbildners" ein besonderes Gewicht. Er hielt es für gerechtfertigt, von Altenbildung in Analogie hierzu von Altenbildnern/innen zu sprechen. Bildungsarbeit mit alten Menschen zu betreiben, erfordert ein Bild vom alten Menschen und vom Alter. Wer „erziehen" und „bilden" will, braucht einen festen Standort. Das klang bei Horst Ruprecht unmißverständlich durch.

Der Abt von Marienstatt, Dr. Thomas Denter, wies nach, daß die Lebensweisheit der Benediktsregel auch für unseren Alltag in der Altenarbeit gelten kann. Zunächst betonte Pater Thomas, daß die gelebte Spiritualität geistliches Leben ist. Charakteristisch für christliche Spiritualität ist das Bewußtsein, „aus Gnade berufen und erwählt zu sein". Für die heutige Spiritualität ist die Spannung „Mystik – Politik" wichtig. Mystik nannte er die Sehnsucht der Menschen nach dem „Mehr", dem Geheimnis des Lebens. Mit Politik meinte er das freie Handeln aus Überzeugung, aus Einsicht in die Dinge, aus ihrer Durchsichtigkeit. Die Spannung – hier Durchsichtigkeit und dort Geheimnis – fordert die Spiritualität heraus, in dieser unserer Welt geistlich zu leben und zu handeln. Um ein solches Leben zu pflegen, riet Abt Thomas, daß wir bei Jesus in die Schule gehen, er ist die Mitte und das Maß allen Lebens. Eine weitere Möglichkeit des Lernens ist die „Schule", die in der alten monastischen Tradition ihre Ausprägung gefunden hat; in der Regel des geistlichen Lehrens – in der Regel des heiligen Benedikt. Benedikt nennt das Kloster eine Schule, eine Schule für den Dienst des Herrn. Seine Vorstellung von dem Lehrer dieser Schule beschreibt er im Kapitel über den Abt. In der Regel werden Grundhaltungen benediktinischer Spiritualität aufgezeigt. Sie gelten eigentlich allen Christen. Sie sind ausgerichtet auf Gott und den Menschen hin. Das ist im letzten Mystik, gelebter Glaube, gelebte Spiritualität. Die Maxime vom „ora et labora" (Gebet und Arbeit), die der Regel des heiligen Benedikt zugrunde liegt, heißt für Abt Thomas nichts anderes, als in der Nachfolge des Herrn fortzuschreiten. „Was ihr für einen meiner geringsten Brüder getan habt, das habt ihr mir getan." „Kommt ihr Gesegneten meines Vaters." Gesegnet heißt lateinisch benedictus: „In diesem Sinne sind wir alle benedicti – Benediktiner."

Künftige Spiritualität

muß nach Karl Rahner „trotz allen Wandels, der kommt und kommen muß, ... die alte Spiritualität der bisherigen Geschichte der Kirche sein und bleiben. Die Spiritualität der Zukunft wird darum eine Spiritualität sein, die sich auf den lebendigen Gott bezieht, der sich in der Geschichte der Menschheit geoffenbart hat, der sich selbst mit seiner eigensten Wirklichkeit ... und als letztes Ziel in die innerste Mitte seiner von ihm geschaffenen Welt und Menschheit eingestiftet hat. ... Sie wird immer eine Spiritualität der Anbetung des unbegreiflichen Gottes ... sein. ... Die Spiritualität der Zukunft wird immer auch eine solche sein, die in der Kirche lebt. ... Die Spiritualität der Kirche der Zukunft wird – weil sie dies immer haben muß – auch eine gesellschaftliche, politische, der Welt zugewandte, für diese ... .eine Verantwortung tragende Dimension haben. ... Die Spiritualität der Zukunft wird eine Spiritualität der Bergpredigt und der Evangelischen Räte sein. ... Diese künftige Spiritualität muß darum positiv und negativ aus der Vergangenheit der Kirche immer neu lernen. ... Im Vergleich zur Spiritualität vergangener Zeiten wird sie sich wohl sehr deutlich auf das Wesentliche christlicher Frömmigkeit konzentrieren müssen. ... Aber es ist doch zu vermuten, daß in einer winterlichen Zeit eines weltweiten Säkularismus und Atheismus gar nicht so viele Einzelblumen christlicher Spiritualität werden blühen können. ...

Die Spiritualität der Zukunft wird sich sehr auf die letzten Gegebenheiten der christlichen Offenbarung konzentrieren. Daß Gott ist, daß man ihn anreden kann, daß seine unsagbare Unbegreiflichkeit gerade als solche die Mitte unserer Existenz und so unserer Spiritualität ist, daß man mit Jesus und eigentlich mit ihm allein in einer letzten Freiheit ... leben und sterben kann, ... daß sein unbegreifliches Kreuz über unserem Leben aufgerichtet ist und dieser Skandal den wahren, befreienden und seligmachenden Sinn unseres Lebens hergibt - ... Warum sollte dies nicht so sein, wenn der Mensch und die Kirche lebendig realisieren, daß sie nicht Herren ihrer Geschichte sind, sondern ihre Spiritualität so zu gestalten haben, daß sie in die von uns verfügte und nicht von uns gemachte geschichtliche Situation hineinpaßt und darin auch für die Nichtchristen glaubwürdig sein soll? ...

Die Spiritualität der Zukunft wird, weil nicht mehr oder viel weniger abgestützt durch eine gesellschaftliche christliche Homogenität ihrer Situation, viel deutlicher als bisher aus einer einsamen, unmittelbaren Erfahrung Gottes und seines Geistes im einzelnen leben müssen. ... Heute muß der christliche Glaube (und so die Spiritualität) immer neu vollzogen werden: in der Dimension einer säkularisierten Welt, in der Dimension des Atheismus, ...

In einer solchen Situation ist die einsame Verantwortung des einzelnen in seiner Glaubensentscheidung in viel radikalerer Weise notwendig und gefordert, als dies früher der Fall war. Darum gehört zur heutigen Spiritualität des Christen der Mut zur einsamen Entscheidung gegen die öffentliche Meinung. ... Ein solcher einsamer Mut kann aber nur bestehen, wenn er aus einer ganz personalen Erfahrung Gottes und seines Geistes lebt. Man hat schon gesagt, daß der Christ der Zukunft ein Mystiker sei oder nicht mehr sei. Wenn man unter Mystik ... eine echte, aus der Mitte der Existenz kommende Erfahrung Gottes versteht ... Der einsame Christ macht die Erfahrung Gottes und seiner befreienden Gnade im schweigenden Gebet, in der letzten, von niemandem mehr belohnten Gewissensentscheidung, in der unbegrenzten Hoffnung, die sich an keine einzelne kalkulierbare Versicherung mehr halten kann, in der radikalen Enttäuschung des Lebens und in der Ohnmacht des Todes, so diese nur willig vorgelassen und hoffend angenommen wird, in der Nacht der Sinne und des Geistes. Vorausgesetzt nur, daß er eben diese nur angedeuteten Erfahrungen annimmt ... Nur von dieser Gotteserfahrung her, die das eigentliche Grundphänomen der Spiritualität ist, erhält die theologische Indoktrination von Schrift und Kirchenlehre ihre letzte Glaubwürdigkeit und Vollziehbarkeit ...."

Karl Rahner wollte bei allem Vorbehalt der Unvorhersehbarkeit einige wenige Eigentümlichkeiten dieser Spiritualität genannt haben. Er betont immer wieder, daß er kein Rezept wagt anzubieten, sondern Ansatzpunkte und Zugangswege eröffnen wollte.

Der Ort der Spiritualität ist dort, wo Evangelium und Leben einander begegnen. Spiritualität will auf unsere Lebensfragen antworten und Lebensmöglichkeiten aus dem Glauben anbieten.

Die Einheit von Leben und Glauben zu erspüren, die Freude am Glauben, am Christsein in der Kirche wecken und fördern, um eine Orientierung der redlich Fragenden geht es in Würzburg. — Wenn uns dies gelingt, wird auch die Arbeit mit den alten Menschen gelingen.

Zur Einstimmung in das Seminar ...

Auf Ihrem Platz finden Sie eine Rose und die Geschichte von Rainer Maria Rilke ...
Dieser Text hat mich in manchen Seminaren bewegt. Das Tiefste in der Begegnung mit den Menschen kann man nur zeichenhaft ausdrücken. Das lehrt uns das Leben. – Die Rose lädt zum Nachdenken ein. Sie hat ihre eigene Würde, sie verlangt eine behutsame Hand. Die Rose kann warten, bis sie dem anderen etwas sein darf. Sie bleibt im Verborgenen, bis sie reift. Der berühmte Mystiker Heinrich Seuse sagt: „Ich möchte nichts anderes als Rosen verteilen." Therese von Lisieux soll einmal gesagt haben: „Wenn ich einmal im Himmel bin, werde ich Rosen vom Himmel regnen lassen." Ohne Rosen muß der Altenbildner in der Hektik des Tages verwelken. In diesem Sinne nehmen Sie die Rose an.

Das Seminar möchte ich eröffnen mit einer Vertonung des Gedichtes von Dietrich Bonhoeffer „Von guten Mächten wunderbar geborgen". Die Musik schrieb Siegfried Fietz.
Im Jahre 1944/45 schrieb Bonhoeffer dieses Gedicht für seine Mutter und seine Braut. Aus seinen Tagebüchern gewinnt man den Eindruck, daß bei Bonhoeffer eine Wandlung stattgefunden hat. Die Angst ist vor der Zerstörung der eigenen Existenz dem Vertrauen gewichen, daß die Existenz durch Gottes Beistand auch im Tode erhalten bleibt. Viele Interpreten haben dieses Gedicht ein Gebet genannt, um andere zu trösten. Die Kraft eines Glaubens spürt man hier, der Gott Rettung und Änderung zutraut. Dieser Glaube befähigt Bonhoeffer zur Hoffnung und gibt ihm das Gefühl, wunderbar geborgen zu sein.
Das Gedicht und die Musik geben Hilfe und Ermutigung. Es hat etwas mit der Spiritualität zu tun, um die es hier in diesem Seminar geht.

Von guten Mächten wunderbar geborgen

1. Von guten Mächten treu und still umgeben,
    behütet und getröstet wunderbar,
    so will ich diese Tage mit euch leben
    und mit euch gehen in ein neues Jahr.

2. Noch will das Alte unsre Herzen quälen,
noch drückt uns böser Tage schwere Last,
ach, Herr, gib unseren aufgescheuchten Seelen das Heil,
für das du uns bereitet hast.

3. Und reichst du uns den schweren Kelch, den bittern,
des Leids, gefüllt bis an den höchsten Rand,
so nehmen wir ihn dankbar ohne Zittern
aus deiner guten und geliebten Hand.

4. Doch willst du uns noch einmal Freude schenken
an dieser Welt und ihrer Sonne Glanz,
dann wolln wir des Vergangenen gedenken,
und dann gehört dir unser Leben ganz.

5. Laß warm und still die Kerzen heute flammen,
die du in unsre Dunkelheit gebracht,
führ, wenn es sein kann, wieder uns zusammen.
Wir wissen es, dein Licht scheint in der Nacht.

6. Wenn sich die Stille nun tief um uns breitet,
so laß uns hören jenen vollen Klang der Welt,
die unsichtbar sich um uns weitet,
all deiner Kinder hohen Lobgesang.

Von guten Mächten wunderbar geborgen
erwarten wir getrost, was kommen mag.
Gott ist mit uns am Abend und am Morgen
und ganz gewiß an jedem neuen Tag.

Die biblischen Propheten als Modelle

- Für den Umgang mit menschlicher Begrenztheit
- für eine Altenarbeit in christlicher Verantwortung
Prof. Dr. Franz-Josef Hungs, München

„ ... Prophetie ist nicht nur dadurch ‚falsch‘, daß sie die Unwahrheit sagt; sie ist auch dann verlogen, wenn sie spricht, weiterspricht, ohne einen Spruch zu haben. Eine Gesellschaft ist – nicht nur dann arm, wenn sie keine Propheten hat, sondern auch, wenn ihre Propheten ohne Wissen, ohne Autorität reden, reden und reden ... Wird heute nicht auf diese Weise oft geredet, in der Gesellschaft, in der Kirche, in unserer Arbeit?
Alles hat seine Zeit,
das prophetische Wort
und die prophetische Stummheit,
mit allem müssen wir leben lernen.“

Prof. Hungs ist Professor an der Katholischen Stiftsfachhochschule für theologische Erwachsenenbildung und Gemeindekatechese, nebenamtlich Altenseelsorger der Erzdiözese München-Freising.

Fertigwerden mit Begrenzungen des eigenen Daseins
- eine Aufgabe für alle Lebensalter
Prof. DDr. Hans Thomae, Bonn

Hier werden Autobiographien von Frauen und Männern der Geburtsjahrgänge 1885 – 1960 vorgestellt und nachgewiesen, wo kohortenspezifische Unterschiede in den Begrenzungen des eigenen Daseins und der Arten, mit ihnen fertig zu werden. Dieses Forschungsergebnis gilt es, in unserer Arbeit nutzbar zu machen.
Vor Beginn der Tagung eine persönliche Bitte an Prof. Thomae:
Sie schreiben in Ihrem Werk „Die Dynamik des menschlichen Handelns“ folgenden Satz, der mich immer wieder neu beeindruckt: „...
Altern in dem positiven Sinn des Reifens gelingt dort, wo die man-

nigfaltigen Enttäuschungen und Versagungen, welche das Leben dem Menschen in seinem Alltag bringt, weder zu einer Häufung von Ressentiments, von Aversionen oder von Resignation führen, sondern wo aus dem Innewerden der vielen Begrenzungen eigenen Vermögens die Kunst zum Auskosten der gegebenen Möglichkeiten wächst."

Können Sie uns diese Kunst ein wenig andeuten?

Fertigwerden mit den Grenzen des eigenen Daseins bei Hochbetagten

Wie steht es aber mit der Auseinandersetzung, mit den Grenzen unserer irdischen Existenz? In den spontan geäußerten Gedanken, Befürchtungen, Hoffnungen unserer Untersuchungspartner spielte der Gedanke an die Endlichkeit keine entscheidende Rolle. Vom ersten zum siebten Meßzeitpunkt sank der Rangplatz für die Thematik „Bestimmtsein von Gedanken an Endlichkeit" vom fünften auf den neunten Rangplatz. Auch bei Schlaganfallpatienten, die sich zum Teil seit mehr als fünf Jahren in Familienpflege befinden, nahm die Thematik der Endlichkeit einen siebten Rangplatz ein (Kruse 1986). Freilich mußte bei ihnen eine neue Kategorie eingeführt werden, die Kruse als „Ringen um die eigene Existenz" bezeichnete. Es geht bei dieser Thematik um die Wahrnehmung der unmittelbaren Gefährdung der eigenen Existenz, sowohl in physischer als in sozialer Hinsicht. Einer der Patienten äußerte dies so: „Ich wußte immer – aufgeben würde heißen, das ganze Leben ist weg. Man will wieder laufen können, sprechen und lesen, alles, was früher so einfach war. Man bemüht sich um alles. Jeder Tag ist eine neue Aufgabe."

Direkt auf die Auseinandersetzung mit den Grenzen des eigenen Daseins bezogen war eine Befragung von 35 Frauen und Männern aus unserer Längsschnittstudie, die Schneider (1987) im Jahre 1984 in deren Wohnungen zum achten Mal untersuchte und befragte. Dabei wurde die bei jedem Meßzeitpunkt in dem jeweils dritten Interview gestellte Frage, wie man sich die Zukunft vorstelle, von fast allen mit der Feststellung beantwortet, daß man angesichts des eigenen Alters ja keine Zukunft habe und angesichts des nunmehr bei allen auf 80 – 94 Jahre angestiegenen Alters durchaus realistische Haltung. Da Schneider aber von den an den Vortagen geführten Gesprächen wußte, wieviele fast aller dieser Befragten für die nächsten Wochen und Monate etwas vorhatten, konnte er sie veranlassen, von ihren Zukunftsvorstellungen zu berichten. Diese waren bei fast allen auf die nächsten Monate zentriert, bei einigen freilich auch auf den nächsten runden Geburtstag in ein bis zwei Jahren. Aus den Berichten über diese Zeit konnten die Versuche beurteilt werden, wie man diese teils hochgeschätzte, teils mit Bangen erwartete Zukunft zu füllen gedachte.

Zum ersten Mal in unserer Studie wurde bei diesem Gespräch auch die Thematik des irgendwann in den nächsten Jahren zu erwartenden Lebensendes angesprochen, darüber hinaus auch das Risiko, etwa vorher durch eine schwere Erkrankung pflegebedürftig zu werden.

Aus den sehr differenzierten Antworten auf diese drei Fragebereiche konnten die Antwortmuster in bezug auf drei verschiedene Aspekte der einerseits erhofften, andererseits befürchteten Zukunft beurteilt werden. Dabei zeigte sich das hohe Maß an Unterscheidungsfähigkeit für angemessene Antworten selbst für diese Grenzsituation menschlichen Daseins. Für die Zukunft dominierten als „auszufüllende Zeit" die Reaktionsarten der Hoffnung, daß alles noch so bleiben möge, wie es im Augenblick ist, sowie die Kontaktpflege (z. B. in Form von Besuchen bei Verwandten und Freunden oder der Erwartung solcher Besuche). Aber auch die Leistung in Form selbständiger Haushaltsführung, z. T. Gartenpflege oder der eigenen körperlichen Behinderung abgetrotzter Aktivität, behielt einen hohen Rangplatz.

Auch in bezug auf die antizipierte Situation der Pflegebedürftigkeit wurde zu allererst mit der betonten und manchmal auch begründeten Hoffnung reagiert, daß alles noch „ein bißchen" so bleiben möge wie bisher. Von gleich großer Bedeutung war aber die Reaktionsform des „Sich-Verlassens auf andere", z. B. darauf, daß man sich ja in einem Heim habe vormerken lassen und deswegen wohl dort einen Platz finden werde. Auch auf die Hilfe von Tochter bzw. Schwiegertochter, nicht aber auf jene von männlichen Familienmitgliedern, verläßt man sich, in einem Fall ganz unrealistisch auf die Hilfe einer entfernt wohnenden Nichte.

Der hohe Rang von „Anpassung an die institutionellen Aspekte der

Situation" war teils auf schon erfolgte, teils geplante Vormerkungen in einem Heim zurückzuführen.

In der Auseinandersetzung mit dem antizipierten Lebensende traten oft Antworten auf, für die wir eine neue Klasse von Reaktionen einführen mußten: Die „betonte Realitätsorientierung". Sie schließt Äußerungen ein wie etwa: „Sterben müssen wir alle, das weiß man ja." Damit schien das Problem für nicht wenige erledigt zu sein. Die gleichfalls hoch rangierte „Anpassung an die institutionellen Aspekte der Situation" schließt Hinweise auf das schon lange gemachte Testament, auf den Kauf eines Grabes, auf Anordnungen für die Aussegnungsfeier und das Begräbnis, auf das Bereitlegen eines Totenhemdes usw. ein. In beiden Fällen wird also von einem betont versachlichten, im Rahmen der in unserer Kultur vorgesehenen Umgangsformen mit dem Tod, berichtet. Sehr hoch rangiert aber auch in diesem Zusammenhang die Hoffnung, und zwar in erster Linie als eine diesseitige, daß man noch etwas leben könne, sodann als Hoffnung auf einen raschen und schmerzlosen Tod. In wenigen Fällen als Hoffnung auf ein jenseitiges Leben. Ganz einfache Fragen zeigten eine Ambivalenz zwischen Hoffnung und Zweifel in dieser Hinsicht.

Ebenso hoch rangierte die „Selbstbehauptung", die in diesem Zusammenhang in dem Heranziehen von Argumenten zur Armierung des eigenen Selbst vor der Todesfurcht in Erscheinung trat: „Als Soldat habe ich dem Tod oft in die Augen geschaut. Was soll ich mich also fürchten?" Eine andere Variante war: „Ich habe schließlich ein anständiges Leben geführt, war auch immer in der Kirche, also da muß ich mich doch nicht fürchten". Sogar die Tatsache, daß man weder gestohlen noch jemand umgebracht hatte, wurde als Argument gegen etwaige Befürchtungen angeführt.

Einen der oberen Rangplätze nahm auch die Akzeptanz des Sterbens ein, in einigen Fällen religiös abgestützt, in anderen durch die Reaktion der „betonten Realitätsorientierung", ein Los, das alle trifft, wird der vernünftige Mensch eben akzeptieren.

In bezug auf den Gedanken an etwaige Pflegebedürftigkeit gelingt dieses Akzeptieren weit weniger. Eine positive Deutung gelingt kaum für die Situation der Pflegebedürftigkeit oder der Endlichkeit. Und viele überlassen den Gedanken an die eigene Abhängigkeit bzw. Endlichkeit auch ausdrücklich der Zukunft. „Was hat es für einen Sinn, immer daran zu denken, es kommt ja doch, wie es kommen soll."

Selbst an den äußersten Grenzen seines Daseins bleibt der Mensch somit wach für die besonderen Chancen, Herausforderungen und Risiken der jeweiligen Situation. Das Fertigwerden mit der äußersten Grenze gelingt auf die unterschiedlichste Weise, wobei auch weniger Gläubige sich den Gedanken an die Verheißung gelegentlich noch offen halten. Von einer Unterschiedlichkeit solcher Antworten aus könnte man sagen, daß jeder schon lange vor dem Sterben auch seinen eigenen Tod erlebe und lebe.

Prof. DDr. h. c. Hans Thomae, ehemaliger Direktor des Psychologischen Instituts der Universität Bonn. Präsident folgender Vereinigungen: International Society for Study of Behavioral Development, 1969-1975; Deutsche Gesellschaft für Gerontologie, 1977-1980; International Association of Gerontology, 1981-1983.

Tod und Sterben
Ein Thema in der Bildungsarbeit mit alten Menschen

Ein Wort zuvor ...
Lehre uns bedenken, daß wir sterben müssen, auf daß wir weise werden ...
Die biblische Botschaft von Gott, der das Leben will und nicht den Tod
Prälat Anton Schütz, Bonn

Tod und Sterben – auch ein Thema der Gerontologie
Prof. Dr. Ursula Lehr, Bonn

Tod und Sterben – Praktische Konsequenzen für die Sterbehilfe
Dipl.-Psychologe Andreas Kruse, Bonn

Tod und Sterben in theologischer Deutung
Der Mensch in der Entscheidung vor/für Gott
Abt Dr. Thomas Denter, Abtei Marienstatt

Aufbrechen zur Todesbereitschaft
Abt Dr. Thomas Denter, Abtei Marienstatt

Leben im Tode – über den Tod hinaus
Abt Dr. Thomas Denter, Abtei Marienstatt

Texte:
Weiterführende Gedanken
Zukunft der Hoffnung
Prof. P. Dr. Ladislaus Boros SJ

Menschenwürdiges Sterben
Prof. Dr. Franz Böckle, Bonn

Der Tod als menschliches Phänomen
Philosophische und theologische Aspekte
Prof. Dr. Bernhard Casper, Freiburg

Töten oder sterben lassen
James F. Keenan SJ

Der Zugang zum Jenseits im Jetzt nach Johannes
Heinrich Spaemann

Zwischen Tod und Auferstehung
Joseph Kardinal Ratzinger

Die Deutschen Bischöfe
Das Lebensrecht des Menschen und die Euthanasie
Menschenwürdig sterben und christlich sterben

Bulletin des Sekretariates der Französischen Bischofskonferenz

Vorlagen für Arbeitseinheiten:

Der Sonnengesang
Franz von Assisi

Wie ein Geschenk hinter der Tür
Lore Bartholomäus

Von guten Mächten
Dietrich Bonhoeffer

Wer bin ich?
Dietrich Bonhoeffer

Das Alter
Josef von Eichendorff

Abschied nehmen
Ernst Ginsberg

Gebet in der währenden Stunde
Romano Guardini

Wohin denn ich?
Marie-Luise Kaschnitz

Ein Leben nach dem Tode
Marie-Luise Kaschnitz

Martin Luther King
Christa Peikert-Flaspöhler

Recht auf Leben — Recht auf Sterben
Dr. Elisabeth Kübler-Ross

Sterben können heißt Leben
Dr. Josef Mayer-Scheu

Brief eines Krebskranken an seine Mutter
P. Dr. Rochus Spiecker

Ein paar Schritte an Ihrer Seite
Jörg Zink

Ich bitte Dich, Herr, um die große Kraft,
diesen kleinen Tag zu bestehen,
um auf dem großen Weg zu Dir
einen kleinen Schritt weiterzugehen
Ernst Ginsberg

In den letzten Jahren wurde ich in den Seminaren immer wieder angesprochen: „Denken Sie mit uns, den Verantwortlichen in der Altenbildung, über die Frage ‚Tod und Sterben' nach. Geben Sie uns Hilfen an die Hand, für uns persönlich, für diejenigen, die uns anvertraut sind."

Das Studienseminar, das wir von der Zentralstelle Pastoral der Deutschen Bischofskonferenz im vergangenen Jahr durchführten, ist ein erstes Angebot. Heute möchte ich dieses Angebot mit der vorgelegten Arbeitsmappe einem noch größeren Kreis zur Verfügung stellen. Nicht nur die in Steinfeld gehaltenen Referate, sondern auch beachtenswerte Aufsätze und Texte, die ich in der Zeit der Vorbereitung fand, möchte ich vielen anbieten. Diese Arbeitsmappe gestattet eine hohe Flexibilität, weil sie offen ist für eine unterschiedliche Zusammensetzung und Dauer des Seminars. Sie bietet ein hohes Maß an Eigenverantwortung, sowohl für die Referenten als auch für die Teilnehmer. Ich bin mir bewußt, daß wir diesen intensiven Lernprozeß von Steinfeld, die vielen Impulse von den Referenten, die Anregungen in den Gesprächen danach, das Hören von geistlicher Musik und das gemeinsame Gebet nur unzulänglich beschreiben und weitertragen können. Trotzdem hoffe ich, daß sie einen Gewinn für Sie persönlich und die Arbeit wird.

Die wichtigste Voraussetzung ist allerdings eine intensive persönliche Auseinandersetzung mit dem Gedanken an den eigenen Tod; ohne eine positive Bewältigung der eigenen Sterblichkeit ist menschlicher Zuspruch am Sterbebett nicht überzeugend zu leisten. Die Frage, die sich hier aufdrängt: Sind wir bereit, mit dem Sterbenden die Wahrheit des Sterbens zu teilen?

Ich persönlich bin, je mehr ich über diese Thematik „Tod und Sterben" nachdenke, zutiefst davon überzeugt, daß Gott sich uns nur erschließt, wenn wir die Augen vor der schönen und häßlichen, beglückenden und erschreckenden Wirklichkeit der Welt nicht ver-

schließen. In der Zeit der Einstimmung auf das Seminar fand ich eine Gesprächsnotiz zwischen Guardini und einem Freund, die mich sehr betroffen gemacht hat. Das Gespräch drehte sich um die Möglichkeit, Bildung durch Vermittlung intellektueller Sachverhalte zu erzeugen. Der Freund sagte zu Guardini: Er möge doch seine Gedanken niederschreiben. Er werde damit etwa der schiefgelaufenen öffentlichen Diskussion eine gute Richtung geben. Er sei ohnehin in letzter Zeit wenig mit Schreiben hervorgetreten. Darauf Guardini: „Es gibt im Leben eine Zeit zu reden und eine Zeit zu schreiben, es gibt auch eine Zeit zu schweigen, und die ist jetzt für mich da. Wissen Sie, ich habe noch eine schwere Arbeit zu leisten. Wenn es schon schwer ist, das Leben zu lernen, dann ist es noch viel schwerer, das Altwerden, das Loslassen und schließlich das Sterben zu lernen. Und da bin ich jetzt dabei."
Lassen wir uns zeitig in diesen Lernprozeß ein.

Lehre uns bedenken, daß wir sterben müssen,
auf daß wir weise werden ...
Psalm 90,12

Es bleibt eine jener schmerzlichen Bestimmungen, daß der Tod nicht für die Toten, sondern für die Lebendigen ein Problem ist. Für die Toten bedeutet der Tod keine Frage mehr. Denn die Toten leben. Für sie gibt es keine Bedrohung und Angst mehr. Das ist eine dichte Zusammenfassung, auf die sich gerade der Glaube des Christen bringen läßt.

Dieser Glaubenssatz wird immer wieder hinterfragt. Nicht nur von denen, die meinen, nicht mehr glauben zu können, sondern gerade auch vom Zweifel des Glaubenden. Der Tod des Menschen ist zu bedrohlich, zu tödlich, als daß man ihn mit einem bloßen Satz harmlos machen könnte.

Dazu kommt, daß der Tod ja nicht nur ein Ereignis am Ende unseres Lebens ist, sondern daß er uns jeden Tag begleitet: Alles, was vergeht, was uns durch die Finger geronnen ist, was wir vergessen haben, ist unter dem Gesetz des Todes angetreten. Wir sterben zwar unseren eigenen, einmaligen Tod; aber bevor er kommt, ist ihm vieles, was wir einmal gedacht, besessen und geliebt haben, vorweg gestorben.

Die Frage nach dem Tod ist die älteste und zugleich die jüngste des Menschen.

Der Dienst am Sterbenden ist in Wahrheit mit jenem des Geburtshelfers zu vergleichen. Diese letzte Geburt ist schwerer, weil die Natur als solche hier nur wenig hilft, der Mensch selber also um so mehr zu leisten hat. Die Hilfe dieses Beistandes besteht darin, daß der Sterbende gerade sein Sterben zu einem echten Vollenden machen soll. Im Grunde geht es um nichts anders als darum, die Taufe einzuholen.

Ist es uns nicht aufgegeben, die Auseinandersetzung mit unserm Sterben und dem Leben der Toten zu beginnen?
Sie sind herzlich dazu nach Steinfeld eingeladen.

Mitten im Leben sind wir vom Tod umfangen
Menschenwürdig sterben und christlich sterben

Programm
Mitten im Leben sind wir vom Tod umfangen
Ich bin gewiß, zu schauen die Güte des Herrn im Land der Lebenden (Ps 27,1, 7ff, 13)
Meditative Einstimmung
Prälat Anton Schütz, Bonn

Sterben und Tod in der Wissenschaft und im Glauben
Prof. Dr. Horst Ruprecht, Hannover

Der Arzt in seiner Verantwortung für den Sterbenden
Freiheit und Zwänge
Prof. Dr. Edmund Zierden, Marienhospital Herne,
Direktor der med.-geriatr. Uni-Klinik Bochum

Predigt: Begleitung von Tumorpatienten
Helmut Reinhold Zielinski, Pfarrer M. Litt, Cantab.,
Uni-Klinik Köln

Sterben und Tod
Beiträge aus Musik, Literatur, Theologie und Psychologie
Dr. Andreas Kruse, Gerontol. Institut Heidelberg

Menschenwürdiges Sterben
Moraltheologischer Diskussionsbeitrag zur Sterbehilfe
Prof. Dr. Franz Böckle, Bonn

Sterben und Tod als Problem und Aufgabe der Bildung
beim Älterwerden
Prof. Dr. Franz Pöggeler, Aachen

Sich täglich den drohenden Tod vor Augen halten
Aus der Regel des Hl. Benedikt

Meditativer Ausklang
Abt Dr. Thomas Denter OCist, Marienstatt

Ein Wort zuvor ...

Die deutschen Bischöfe haben im November 1979 ein Schreiben mit dem Thema: „Menschenwürdig sterben und christliches Sterben" herausgegeben.
Darin bringen sie zum Ausdruck, daß mehr über den Tod gesprochen wird, als daß der Tod zu uns spräche. Es wird hier nach der Bedeutung der „Kunst des Sterbens" (ars moriendi), die in christlicher Tradition zu finden ist, gefragt. Mit großer Feinfühligkeit wird dargelegt, wie Leben und Sterben bis zu unserem Tod zusammengehören. Die Kunst zu sterben heißt, „daß der Sterbende die ihm verbliebenen Lebensmöglichkeiten nach seinen persönlichen Wertvorstellungen soweit als möglich, selbständig oder aber mit Hilfe anderer, gestaltet." Dann wird die Sterbebegleitung zur Lebenshilfe.
Auch darum ging es in unserem Seminar in Maria Rast. Aus dem Programm wird ersichtlich, daß wir Referenten gebeten haben, die eine große Kompetenz auf diesem Gebiet besitzen. Sie haben uns soviele Informationen vorgetragen, daß die Teilnehmer den Diskussionen, die heute geführt werden, begegnen können.
Mit Musik von Johann Sebastian Bach: „Actus tragicus – Gottes Zeit ist die allerbeste Zeit", Kantate für vier Solostimmen, Chor und zwei Blockflöten, von Georg Philipp Telemann; Trauerkantate „Du aber Daniel gehe hin" für Sopran, Baß, Chor, Blockflöte, Oboe und Violine, und von Georg Friedrich Händel; „Der Messias" Oratorium für vier Solostimmen, Chor und Orchester, haben wir die einzelnen Lerneinheiten eingestimmt.
Schülerinnen der Oberstufe vom Gymnasium Marienstatt haben uns mit ihrem meditativen Tanz „Kleines Senfkorn Hoffnung" aufmerksam gemacht: „ ... Ein letztes Mal werden wir gesät, wenn wir sterben. ... Nicht um zu Ende zu sein, sondern, um uns zu wandeln. ..." (Hans Albert Höntges)
Das gesprochene Wort, die Musik, der Tanz , das Gebet und die Eucharistiefeier boten uns Quellen, um dem Sterbenden beizustehen, damit er seine letzte irdische Lebenszeit, soweit es möglich ist, persönlich gestalten und den eigenen Tod sterben kann.
Uns wurden die wesentlichen Schritte bei der Begleitung aufgezeigt. Das Aushalten von Schweigen und Ohnmacht. Es wurde deutlich, wie das Sterben eines Menschen von den Begleitern die Auseinan-

dersetzung mit dem eigenen Tod verlangt. Nur wer sich dieser Auseinandersetzung stellt, kann sinnvolle Sterbebegleitung leisten.
Sind wir so feinfühlend, um wahrzunehmen, was im Kranken und mit dem Kranken geschieht? Die Gegenwart des Herrn kann aufleuchten, wenn wir einfach da sind (vgl. Mt 25,36). Durch solche Begleitung kann der Sterbende die Nähe Gottes erfahren und sich dem Geheimnis des Todes glaubend anvertrauen.

Der Ortsbischof, Dr. Klaus Hemmerle, hat mit uns Eucharistie gefeiert und allen für den Dienst gedankt. In seiner Predigt erzählte er von Begegnungen mit sterbenden Mitbrüdern, wo nicht er, sondern die Sterbenden ihn gestärkt haben. Wo die Rollen vertauscht wurden, d. h. der Sterbende, der in seiner ausweglosen Situation auf Gottes Nähe vertraut, wurde zum Zeugen des Glaubens für ihn und seine Umgebung. Mir ist das Gespräch, das der Bischof mit Abt Otto von Mariawald vor seinem Tode führte, noch lebendig. Bischof Klaus frage ihn nach seinem Befinden, darauf Abt Otto „Ich habe mich in meiner Heimat auf der Donaubrücke von jedem Tropfen der Donau verabschiedet."

Das Seminar von Aachen klingt in mir nach. Ich höre Fragen, Antworten und Antwortversuche. Ich kann mich auch noch an die Stellen erinnern, wo keiner antwortete, wo eine befreiende Stille den Seminarraum ausfüllte.

Immer neue Fragen tauchen auf: „Gibt es wirklich wenige, die sich unter den Toten Freunde und Brüder bewahren oder gar suchen?"
Mir fällt der Satz aus dem Synodenbeschluß „Unsere Hoffnung" ein: „Wenn wir uns zu lange der Sinnlosigkeit des Todes und der Gleichgültigkeit gegenüber den Toten unterwerfen, werden wir am Ende auch für die Lebenden nur noch banale Versprechungen parat haben."

Beten wir mit dem Psalmisten: „Unsere Tage zu zählen lehre uns! Dann gewinnen wir ein weises Herz." Das weise Herz könnte uns lehren, sorgfältiger mit den Geschenken umzugehen, vielleicht auch liebevoller mit dem Nächsten.

Gedanken einer Sterbenden

Schwestern, was seht Ihr, was seht Ihr?
Was denkt Ihr, wenn Ihr mich anseht?
Eine verbitterte, verwirrte alte Frau,
nicht sehr weise,
unsicher in ihrem Verhalten, ihren Bewegungen,
mit leeren, weitblickenden Augen.
Eine Frau, die beim Essen sabbert,
eine Frau, die keine Antwort gibt, wenn Du mit lauter Stimme sagst:
„Ich möchte, daß Sie es versuchen!"
Sie scheint die Dinge um sie herum nicht zu bemerken.
Sie scheint immer etwas zu vermissen, verloren zu haben,
einen Strumpf, einen Schuh oder irgend etwas anderes.
Sie läßt Dich tun, was Du willst, ob sie will oder nicht.
Mit Baden und Füttern wird der Tag ausgefüllt.
Ist es das, was Du denkst, was Du siehst?
Dann öffne Deine Augen, Schwester! Du siehst mich gar nicht!
Ich will erzählen, wer ich bin, auch wenn ich hier so still sitze,
gewöhnt an Deine Befehle, Deinen Willen über mich ergehen lassen,
alles schlucke.
Ich bin ein kleines Kind, eines von zehn Kindern,
mit Vater und Mutter, Brüdern und Schwestern,
die einander liebhaben.
Ein junges Mädchen von 16 Jahren mit Flügeln an den Füßen,
träumend, daß sie bald einen Liebhaber finden wird oder treffen.
Eine Braut schon mit 20 Jahren – mein Herz macht einen Sprung,
wenn ich an den Treueschwur denke, den ich versprach zu halten.
Mit 25 Jahren habe ich eigene Kinder, die mich brauchen,
die ich beschützen muß. – Glückliches Zuhause!
Eine Frau von 30 Jahren, meine Kinder werden nun schnell groß.
Sie gehen dauernde Bindungen ein.
Mit 40 Jahren, meine Söhne sind nun erwachsen und wollen eigene Wege gehen.
Aber mein Mann ist noch bei mir und nimmt mir die große Traurigkeit.
Mit 50 Jahren, wieder spielen Kinder um mich herum,
wir lieben sie, und sie lieben uns.

Schwere Tage kommen über mich. Mein Mann stirbt.
Ich sehe in die Zukunft. Es schaudert mich vor Angst und Schrecken.
Meine Kinder sind mit ihrem eigenen Leben und der Erziehung ihrer eigenen Kinder beschäftigt.
Ich denke an die Jahre und die Liebe, die ich erlebt habe.
Nun bin ich eine alte Frau. Die Natur ist grausam.
Sie scheint sich über das Alter lustig zu machen.
Da, wo früher ein Herz war, ist jetzt ein Stein.
Aber im Innern dieser alten Hülle wohnt immer noch das junge Mädchen.
Und jetzt und immer wieder schwillt mein mitgenommenes Herz.
Ich denke an die Freude, ich denke an den Schmerz, und
ich liebe das Leben immer, immer wieder.
Ich denke an die wenigen Jahre, die zu schnell vergangen sind.
Ich nehme diese nackte Tatsache hin – nichts kann immer dauern!
Schwester, öffne Deine Augen! Öffne sie – und sieh!
Schau nicht auf irgendeine unsichere alte Frau.
Schau ganz genau – schau auf mich!

Dieses aufschlußreiche, vielsagende Gedicht wurde von einer Frau geschrieben, die im Krankenhaus auf einer geriatrischen Station gelegen hat. Das Gedicht wurde nach dem Tode dieser Frau von einer Schwester gefunden.

Mit diesem Seminar möchten wir Möglichkeiten aufzeigen, die dem Sterbenden bei all unseren Bemühungen die Zuversicht stärken, daß er von uns geliebt wird.

Sie sind herzlich nach Aachen eingeladen.

Zu diesem Seminar nach Maria Rast kam Herr Prof. Dr. Franz Böckle schon am Vorabend. Viele Stunden sprachen wir über seine Lehrtätigkeit in Bonn und die vielen Gespräche, die er als Moraltheologe in der Kirche und der Politik geführt hatte.

In diesen Stunden offenbarte er dem Spiritual von Maria Rast und mir das Ergebnis seiner unheilbaren Krankheit, das er kurz zuvor erfahren hatte.

Böckle: „Bei dieser Diagnose habe ich eine Woche mit Gott gehadert. Hatte ich mir nach der Emeritierung doch noch ein paar Jahre der Ruhe gewünscht. –

Doch nach einer Woche kam mir der Gedanke, daß ich 30 Jahre gelehrt hatte, und keiner meiner Studenten ist in die Irre gegangen. Dankbarkeit kehrte in mir ein."
Das Wort von Jesaja 43,1 tröstet mich:
„ ... Fürchte dich nicht, denn ich habe dich ausgelöst
ich habe dich bei deinem Namen gerufen
du gehörst mir ..."
Dann verabschiedeten wir uns ... – Er schenkte mir noch seine Meditation: „Menschenwürdig sterben" mit einer Widmung: „Media in vita in morte sumus".

Alle Seminare, die hier aufgeführt sind, haben wir dokumentiert, wichtige Veröffentlichungen zu den entsprechenden Themen gesammelt und in eine Arbeitsmappe gebündelt. Diese wurden nicht nur den Teilnehmern der Seminare, sondern auch den Verantwortlichen der Erwachsenenbildung / Altenbildung in den Diözesen zugesandt. Mit den Damen und Herren, die wir als Referenten gewinnen konnten, wollten wir zeigen, daß uns daran gelegen war, durch sie die neuesten Erkenntnisse der Forschung in die Bildungsarbeit einzubringen. Der Bildungsreferent vor Ort konnte danach entscheiden, was ihm hier und jetzt wichtig ist. Ich habe nie erlebt, daß ein Referent nicht gerne bei uns mitgearbeitet hat.

Namen, die nicht vergessen werden dürfen:

Abt Dr. Thomas Denter OCist, Marienstatt
Prof. Dr. Gertrud Krüskemper, Bochum
Prof. Dr. Horst Ruprecht, Hannover
Prälat Anton Schütz, Bonn
Prof. DDr. Frau Pöggeler, Aachen
Prof. Dr. Otto Betz, Hamburg
Prof. Dr. Franz-Josef Hungs, München
Prof. DDr. Hans Thomae, Bonn
Prof. DDr. Ursula Lehr, Heidelberg
Pater Prof. Dr. Heinrich Bacht, SJ (†)
Prof. Dr. Andreas Kruse, Heidelberg
Prof. Dr. med. Edmund Zierden, Herne
Prof. DDr. Franz Böckle, Bonn (†)
Prof. Dr. Eugen Bieser, München
Prof. Dr. Karl Gundermann, Clausthal-Zellerfeld (†)
Prälat Anton Kner
Prof. Dr. med. Peter Petersen
Prof. Dr. Johannes Ruppelt, Wuppertal (†)

Gelassen Abschied nehmen von denen, die bisher mit einem gezogen sind, und all dem, was das Leben erfüllte, ist nur möglich, wenn die unendliche Hoffnung des Namenlosen bleibt. Er muß überzeugt sein, daß die Hoffnung die Wahrheit in sich hat. Sie fordert die letzte Kraft der freien Entscheidung.

DIE EIGENE FAMILIE

Mein Freund Franz Gediga wurde nach den Sommerferien 1951 in Vussem, dem Noviziat der Herz-Jesu-Missionare von Hiltrup, eingekleidet. Dazu hatte er seine Klassenkameraden Arnold Pohl, später Arzt in Süddeutschland, und mich eingeladen.

Es war eine beeindruckende Feier. Franz tauschte seinen Anzug mit einer Soutane.

Nach dem Hochamt hatten wir noch Raum und Zeit, über die „alten Tage" zu träumen und Pläne über unsere Zukunft zu entwerfen. Bald danach mußte ich heimfahren. Ich spielte damals in Jünkerath in der ersten Fußballmannschaft, und wir hatten ein entscheidendes Spiel auszutragen. Auch war in Dahlem Kirmes.

In Kall stieg Anita Breuer mit ihrem Vater ein. Sie fuhren nach Dahlem zur Kirmes. Anita und ich kannten uns aus unserer Schulzeit in Euskirchen. Anita hatte im Frühjahr die Handelsschule mit der Mittleren Reife abgeschlossen. Während der Schulzeit sprachen wir gelegentlich ein paar Worte miteinander, sonst gab es keinerlei Kontakte. Ich stieg zu ihr ins Abteil und erzählte von den Erlebnissen, die mich noch ganz einnahmen. Auch sie kannte Franz von einem früheren Treffen in Kall.

Nach dem Fußballspiel trafen wir uns beim Tanz in Dahlem. Wir tanzten viel und sprachen über ehemalige Schulfreunde, und sie wollte viel über meine beruflichen Pläne wissen. Es war ein schöner Abend.

Um Mitternacht verabschiedeten wir uns und tauschten unsere Adressen aus. Ich mußte schon um 5.00 h mit dem Zug nach Opladen ins Praktikum. Wir trafen uns erst wieder im Advent in Köln. In der Zwischenzeit schrieben wir viele und lange Briefe.

Zum Weihnachtsfest 1951 gab sie mir ihr „Ja" zu unserer Freundschaft. Silvester 1951 fuhr ich zum ersten Mal zu ihr nach Hause. Anschließend waren wir zu einem kleinen Fest bei ihrer Freundin Anita Wollenweber, die ich auch von Euskirchen her kannte, eingeladen. Den Jahreswechsel erlebten wir nachdenklich. Vater Wollenweber zündete den Weihnachtsbaum an, und wir sangen alte Weihnachtslieder. - Das war ein neuer Anfang. Fast jedes Wochenende trafen wir uns. Wenn es während des Studiums einen Seminarball gab, lud ich sie ein.

Nach dem frühen Tod meiner Mutter war sie mir eine liebevolle Begleiterin in dunklen Tagen. Die Freundschaft wurde tiefer, und die Liebe wuchs von Jahr zu Jahr. Als ich später meinen Berufswunsch vom Techniker zum Sozialarbeiter änderte, ging sie verständnisvoll an meiner Seite. Wir wußten noch einen langen Weg vor uns.

Meine Befindlichkeit änderte sich. In den Praktika in Aachen und Köln erfuhr ich viel Befriedigung. Die verantwortlichen Begleiter, Herr Feldmann in Aachen und Helmut Mungen in Köln, entdeckten meine Stärken. Ich verlor einen Teil meiner Minderwertigkeitskomplexe, die mich während der Schulzeit so beherrschten.

Am 01.05.1957 verlobten Anita und ich uns. Diesen entscheidenden Schritt begannen wir mit einer Eucharistiefeier in der Basilika in Steinfeld. Steinfeld spielte damals für Anita schon eine wichtige Rolle. Unsere Freundschaft währte nun schon sechs Jahre, und wir wollten mit der Verlobung nach außen zeigen, daß wir zusammengehörten. Die Verlobungsfeier im Hause Breuer war ein gelungenes Fest. Die ganze Familie Breuer / Büngers sowie einige Freunde waren unsere Gäste.

Mit dem Sommersemester 1957 begann ich das Studium in Köln. Das Studium und die Arbeit in den Offenen Türen prägten den Alltag. Es wurde mir bewußt, daß ich auf dem richtigen Weg war. Die Dozenten in den Seminaren motivierten mich. Hier spielten der Direktor Heribert Lattke und Hans Morzcinek eine entscheidende Rolle, ebenso Frau Dr. Mattzut, die uns in Psychologie unterrichtete. Herr Dr. Geffgen, der Soziologe, begeisterte mich durch sein Wissen. Wir nannten ihn: „Der Mann, der zuviel wußte." Auch entdeckte ich in St. Andreas P. Dr. Rochus Spicker. Alles Männer und Frauen, die mir halfen zu unterscheiden, auf was es ankommt.

Die Vorlesungen habe ich selten geschwänzt.

Nach dem bestandenen Examen und der Anstellung in der Offenen Tür Elsaßstraße und bei den Quäkern beschlossen Anita und ich, am 08.05.1959 zu heiraten.

Vor dem damaligen Dechant Baltes und einer großen Gemeinde gaben wir uns das Ja-Wort. Gemeinsam wollten wir den Weg in die Ehe gehen. In seiner Predigt meditierte er über das Schriftwort „Das ist der Sieg, der die Welt überwindet – Unser Glaube". Es war ein außergewöhnliches Fest. Alle Tanten und Onkel, viele Cousinen von Anita und mir sowie meine Freunde waren Zeugen des Festes.

Eine gemütliche Wohnung fanden wir bald auf einem Bauernhof in Erp. Traumhaft für uns! Ich fuhr täglich von Erp nach Köln mit dem eigenen Auto. Als eine Belastung empfand ich den Weg nicht.

Ruth

Am 14.02.1960 wurde unser erstes Kind, Ruth, in Köln geboren. Jetzt empfanden wir uns als eine Familie. Ab hier wurde mir bewußt, ein eigenes Kind zu haben – unser Kind. Alle Liebe schenkten wir ihr. Mit großer Sorgfalt und Umsicht widmete Anita sich der neuen Rolle: Mutter.

Mit der staatlichen Anerkennung als Sozialarbeiter zogen wir nach Limburg und fanden auch dort eine Wohnung. Ehe, ein gemeinsames Kind, ein gemütliches Zuhause und eine berufliche Aufgabe, die mich ganz ausfüllte, dieses Glück war kaum faßbar und so recht nicht zu beschreiben.

Dann kam das erste Kreuz an unserem Weg. Ruth erkrankte an Kinderlähmung. Ich habe aus Camberg kommend den Bazillus mitgebracht. Der damalige Kaplan hatte das dort erkrankte Kind besucht, und ich war die erste Kontaktperson nach diesem Besuch. Ruth war damals so schwach, daß sie keine Gegenkräfte aufbrachte. Anita erkannte die Situation immer deutlicher. Erst auf Anitas ständiges Drängen wurde der Kinderarzt sorgfältiger und bestätigte ihre Befürchtung: Kinderlähmung. Noch in derselben Nacht, am 07.11.1961, mußten wir Ruth nach Bonn zur Kinderklinik bringen. An der Station gaben wir unser Kind in ein anonymes Krankenhaus ab.

Die Fahrt von Bonn nach Kall bei einem starken Schneesturm war ein Schmerz, der heute nicht mehr zu beschreiben ist. Als wir in dieser Nacht in Kall eintrafen, erkannte Mutter Breuer sofort, daß etwas Einschneidendes passiert sein mußte. Auf der Treppe stehend höre ich sie heute noch schreien: „Wo ist das Kind?" - Die Gefahr der Ansteckung hielt uns drei Wochen in Kall. Sooft wir durften, fuhren wir nach Bonn. Um das Heimweh des Kindes nicht noch stärker werden zu lassen, sahen wir Ruth nur hinter dem Vorhang. Sie kam uns vor wie ein scheues Reh. Sie trug ein Gipsband am Beinchen. Das Bild, die Ungewißheit über ihre Heilung, die Trennung ließen in uns die Frage nach dem „Warum?" so stark werden, daß ein großer Zweifel an Gottes Güte unsere Tage quälte. Trotz allem ließen wir mit dem Gebet nicht nach. War es doch das einzige, was wir zu tun vermochten.

Als die Gefahr der Ansteckung gebannt war, wurde sie aus der Klinik entlassen. Ruth erkannte uns nicht mehr. Mit viel Geduld versuchten wir, Ruth wieder für uns zu gewinnen, sie wieder in unsere Welt heimzuholen. Pater Perne, der singende Pallottiner, gelang mit Liedern von Duval der Durchbruch. Mit Arztbesuchen und Krankengymnastik versuchten wir die noch vorhandene Muskulatur im Beinchen zu stärken. Es engagierte sich Frau Dr. Kunz aus Frankfurt beispielhaft. Zweimal in der Woche fuhr ich mit Ruth nach Frankfurt. Bei Jugendpfarrer Christian Jung gab es nie eine Diskussion über diese Fahrten. An dieser Haltung erfuhr ich, was es heißt, das Wort von der Liebe zu verkünden und im Alltag zu beweisen. Ich gewann zu Christian Jung eine ganz neue Sicht.

Die Jahre halfen uns, zu dem Kreuz „Ja" zu sagen. Durch Ruth's Intelligenz sorgte sie für einen Ausgleich. In uns wuchs eine neue Liebe zu diesem Kind.

Am 11.03.1963 wurde Judith in Limburg geboren. Während Anita in der Klinik lag, sorgte Mutter Breuer für Ruth und mich in liebevoller Weise, so daß ich meinen Verpflichtungen nachgehen konnte. Während des Wartens auf Judith's Kommen hatte ich meinen Wagen in der kleinen Innenstadt von Limburg abgestellt und konnte ihn später nicht mehr finden. Alle Gassen und Parkplätze ging ich ab. Ich begriff später, wie mich das Ereignis überrollt hatte.

Judith wurde acht Tage darauf von Christian Jung im Dom zu Limburg getauft. Bevor die Feier begann, war der Dom voller Besucher. Es gab kaum ein Durchkommen. Erst als Christian Jung mit kräftiger Stimme uns empfing und meinte: „Die Besucher wissen nicht, was sich jetzt hier ereignet!" wurde es still. Viele begleiteten uns dann zum Taufbrunnen. Die Tauffeier hatte mich so berührt, daß ich bei meinen heutigen Besuchen in Limburg zuerst zum Taufbrunnen gehe.

In einer großen Wohnung in Lindenholzhausen wuchsen die Kinder heran. Judith ging dort zum Kindergarten und Ruth in die damalige Volksschule. Es gab wieder viel Sonnenschein in unserem Leben. Nach acht Jahren, 1968, zogen wir nach Hannover.

Am 16.10.1969 wurde David geboren. Als Anita mich mitten in der Nacht über die so leicht verlaufende Geburt eines Sohnes informierte, muß ich so laut geschrien haben, daß Frau Lindemann, eine

Nachbarin, meinte, es sei etwas Schlimmes passiert. Es war der Freudenschrei über die Geburt eines Sohnes. Vorher hatte ich immer behauptet, ob Junge oder Mädchen spiele für mich keine Rolle. Der Schrei in der Nacht gab eine andere Antwort.

David wuchs zu einem kräftigen Jungen heran. Im Kindergarten und in der Volksschule schaffte er sich kämpfend seinen Platz. In der Volksschule war er der Liebling der Klassenlehrerin. Dann ging er ab der sechsten Klasse nach Hannover.

Anita begleitete mit viel Geduld und Liebe das Leben der Kinder. Mit den Anforderungen, die die Schule an unsere Kinder stellte, hatten wir kaum auffallende Probleme. Wenn sie eine gute Note nach Hause brachten, meinte ich, daß sie auch durch die Mithilfe von Anita zu verdanken sei.

Inzwischen hatten wir auch ein kleines Haus mit großem Garten gebaut. Alles verlief in angeblich guter Harmonie – so meinten die Eltern. Ruth und Judith waren in der katholischen Jugend in Hannover voll integriert; Ruth in leitender Funktion.

Judith setzte ihre Zeichen in einem evangelischen Singkreis. David spielte eine besondere Rolle. Sein frühes Interesse galt dem Fußball, allerdings nicht in einer Mannschaft, sondern mit Mutter im Wohnzimmer oder im Garten. Er probte die im Fernsehen entdeckten Techniken des Fußballs zuerst für sich alleine, dann führte er sie uns vor. Den „Fallrückzieher" konnte er perfekt. So erlebten wir viele Jahre als eine harmonische Familie.

Dann kam das zweite schwere Kreuz mit Ruth. In der 13. Klasse zog sie aus dem Elternhaus. Sie hatte einen jungen Mann kennengelernt, wollte mit ihm in die Wohnung. Diese Nachricht lähmte uns förmlich. Sie teilte uns dies am Abend mit und kurze Zeit später fuhr sie mit ihm. Die Versuche, sie wieder heimzuholen, blieben erfolglos. Anita und ich nahmen uns vor, die Tür nicht zuzuschlagen. Gelegentlich besuchten wir sie. Unsere Ratschläge und guten Worte blieben unerhört. Wir erreichten sie nicht mehr. Sie wohnte in Springe, etwa 30 km von Hannover. Die Schule besuchte sie nicht mehr. In der entscheidenden Schulkonferenz, an der sie selber teilnahm, wurde ihr mitgeteilt, daß sie wegen der vielen Fehlstunden nicht zum Abitur zugelassen werden konnte. Dabei hatte sie sich Chemie und Biologie als Leistungsfächer selber ausgesucht. Vor dem Auszug waren ihre Leistungen gut. - Erst viel später sprach sie mit den Eltern über die damalige Entscheidung.

Nun wollte sie Sozialpädagogik an einer Fachhochschule studieren. Von einem Freund erfuhr sie, daß an der Gesamthochschule Wuppertal durch eine nachträgliche Graduierung die Möglichkeit besteht, die Hochschulreife zu erwerben. Sie nutzte die Gelegenheit und bestand die notwendigen Prüfungen.

Anfänglich studierte sie, aber bald schloß sie sich der Bhagwan-Guru-Bewegung an. Diese Bewegung faszinierte sie so, daß das Studium keine Rolle mehr spielte. Sie suchte nach dem Sinn des Lebens. Sie fand ihn nicht bei der katholischen Jugend und auch nicht bei den Antworten der Eltern. Sie besuchte Bhagwan in Indien und kehrte geheilt heim. Die Nähe und das ganze Umfeld von Bhagwan schreckten sie ab. In Indien lernte sie ihren späteren Mann, Kurt aus Österreich, kennen. Sie kehrten nach Deutschland zurück.

Anita und ich standen immer noch an der geöffneten Tür und warteten auf sie. Unsere Bitte, doch das Examen zu machen, blieb zunächst ungehört.

Dann erwartete sie ein Kind. Die Ereignisse drängten sie wieder an die Universität. In kürzester Zeit bestand sie das Diplom als Sozialwissenschaftlerin. Während des Examens wurde Laylah geboren.

Sie zogen dann ins Burgenland, - kauften einen Bauernhof und träumten von einer Erwachsenenbildungs-Akademie. Das blieb nur ein Traum. Auf dem Bauernhof wurden die beiden Söhne Jona und Emanuel geboren. Nach sieben Jahren wurde die Ehe geschieden. Drei Kinder und ein Mann, der nicht arbeiten wollte, waren keine Voraussetzung für eine dauerhafte Beziehung. Über die tiefsten Gründe der Trennung offenbarte sich Ruth nach und nach.

Nach längeren Diskussionen einigten sich Kurt und Ruth auch auf eine örtliche Trennung. Kurt zog mit den Kindern nach Deutschland, und Ruth blieb in Österreich. Sie fand eine Nische in der Erwachsenenbildung. Mit Hilfe ihres neuen Lebensgefährten gründeten sie ein kleines Institut „International Supervision and Coaching Academy". Die organisatorische Leitung liegt bei Ruth.

Heute arbeitet sie fleißig und kann die Kinder auch finanziell unterstützen. In den Ferien kommen sie nach Österreich. Wir versuchen die Beziehung neu zu knüpfen, besuchen die Kinder und Ruth. Das lange Warten, die vielen Fragen ohne Antworten haben uns nicht stumm gemacht. Während dieser Zeit habe ich in meinen Seminaren oft das Evangelium über das Gleichnis des verlorenen Sohnes (Lk 15,11-32) als Grundlage unserer Gespräche gemacht. Mich bedrängt die Frage, kann ich der Tochter Ruth entgegeneilen und ihr für das Wiederfinden und Kommen einen Ring an die Hand stecken? Ich bin ihr entgegengegangen. Den Ring habe ich ihr noch nicht geschenkt. Wie muß er aussehen?

Ruth

Ruth über ihren Vater:

Ich nehme wahr, ich interpretiere:
- Du warst viel unterwegs,
- hast viel gearbeitet,
- hast Dich für geistige Dinge interessiert und eingesetzt,
- Du sprichst Französisch,
- warst in Europa unterwegs,
- hast aus Deinen Werten keinen Hehl gemacht,
- Du sprichst viel von Dir und Deinen Ideen,
- Du hast die Mama im Hintergrund gebraucht (als Basisstation für weltliche Dinge),
- mit Lob und Anerkennung gehst Du sparsam um.

Das gehört damit auch auf meinen Wunschzettel, von Dir zu wissen: „Das hast Du gut gemacht!"

Deine Sorgen, Probleme und Schwierigkeiten, Schwächen habe ich als Kind, Jugendlicher, nicht sehen dürfen. Du erschienst immer perfekt.

Die Ähnlichkeit und Wiederholung - ich habe von Dir übernommen:
- Europa ist wichtig und eine Chance,
- lebenslanges Lernen ist Motor, Sinnfragen zu stellen, andere zu motivieren, sich zu entwickeln,
- meine Werte und Ideale zu verteidigen und sie laut zu sagen,
- den Ehrgeiz, der Beste in Puncto Erwachsenenbildung zu sein,
- eine einseitige Interessenslage (Disco, Kino etc.) ist nicht so spannend. Lieber lese ich Marx ... die Liste ließe sich fortsetzen.

Wir sind einander sehr ähnlich.

Ich bin jetzt fast 40 Jahre alt, meine Ziele sind den Deinen sehr ähnlich: ... eine Professorenstelle an einer Uni oder Fachhochschule, so daß ich vielleicht die letzten zehn Jahre meiner beruflichen Laufbahn dort ins Ziel laufe. So warst Du an meiner Entwicklung wesentlich beteiligt, dafür kann ich Dank sagen. Da hast Du mich geprägt, ein sicherlich wesentlich zentraler Bereich, während in anderen Bereichen andere prägend waren.

In diesem Sinne, mein Vater, berufliches Vorbild.

Salut

Ruth

Judith

Der Weg von Judith nahm einen erfreulichen Verlauf. Sie war fleißig, hatte viele Freunde und entwickelte sich als ein frohes Mädchen. Viele suchten ihre Nähe.

Nach dem Abitur 1983 wußte sie gleich, was sie werden wollte: Krankengymnastin. Sie fand einen Studienplatz in Aachen im Klinikum.

Inzwischen waren wir wieder in die Eifel gezogen. Die räumliche Nähe ließen auch unsere persönliche Beziehungen vertiefen. Bei jedem Besuch entdeckten wir bei ihr viel Zufriedenheit. Das Studium und die Umgebung trugen dazu bei. Nach dem Examen ging sie nach München in eine größere Kinderklinik. Sie fand dort schnell ihren Platz und auch ihre Anerkennung. Von Hannover nach Aachen und München zog auch ihr Freund Frank Seeler mit. Diese Freundschaft prägte beide. David fand ebenso einen guten Freund in Frank. Von uns wurde er sehr geschätzt. Hilfsbereitschaft und Liebenswürdigkeit zeichneten ihn aus. Kurz vor dem Umzug nach Trier zerbrach die Beziehung. Frank studierte später in Berlin.

Nach einigen Jahren glaubte sie, durch ein Studium der Psychologie eine noch bessere Qualifizierung zu erlangen. Sie studierte an der Universität Trier und arbeitete nebenbei in einer Praxis. Ich habe nie gehört, daß sie wegen der Doppelbelastung geklagt hat. Viel Ausgewogenheit strahlte sie aus.

Während eines Ferienaufenthaltes auf Elba lernte sie Toti, einen Römer, kennen. Langsam wuchs die Liebe. Nach dem bestandenen Vordiplom entschloß sie sich, nach Rom zu ziehen. Heute ist sie verheiratet und hat zwei Kinder: Laura, 6 Jahre, Luca, 4 Jahre.

Die Familie von Toti und das Land gefallen uns sehr. Sooft es geht, verbringen wir unsere Ferien dort. Im letzten Jahr waren wir fast ein halbes Jahr in San Felice Circeo.

Gerne würde ich auch die italienische Sprache sprechen. Laura meinte kürzlich: „Opa, ich glaube, Du lernst das nicht mehr." Da die Kinder sowohl deutsch als auch italienisch sprechen, wächst ein fast zärtliches Verhältnis zu ihnen. Viele Märchen erzählt die Oma, und die Kinder motivieren sie immer erneut, weil sie eine ungeteilte Aufmerksamkeit zeigen.

In den letzten Weihnachtsferien sagte Laura: „Oma, ich weiß gar nicht, wie ich Dir für die schönen Ferien hier danken soll." Dann schenkte sie der Oma 20 Pfennig.

Luca ist ein zartes Kind mit einer erstaunlichen Sensibilität. In den Sommerferien besuchte ich mit ihm die neue Pfarrkirche in Circeo. Vor dem Tabernakel stehend, versuchte ich ihm zu erklären, daß Jesus Christus dort wohnte. Alles war ein Gestottere und unzulänglich, was ich da dem Jungen anbot. Nach einer längeren Pause fragte er mich: „Opa, kennt Jesus mich?"

Acht Tage später mußte ich wieder mit ihm zu dieser Kirche. Auch heute meinte ich, neue Erklärungen ihm anzubieten. Danach zu mir: „Liebt Jesus mich auch?" - Eine Botschaft, die nur Kindern uns Erwachsenen anbieten können. Diese Glücksmomente wurden den Großeltern selten geschenkt. Lange haben Anita und ich erwogen, ob wir zu den Kindern ziehen sollten. Für Anita stand die Entscheidung sehr früh fest. Ich brauchte viel länger. Heute weiß ich, daß wir in die Eifel gehören, hier, in unsere Hütte.

Judith

Judith über ihren Vater:

Die Anfrage, einen Beitrag für die Biographie meines Vaters zu schreiben, fällt mir nicht leicht. Mit fremden Augen dies zu beschreiben, sollte überdacht sein.

Meine jetzige Situation als Mutter von zwei wundervollen Kindern (Laura, sechs Jahre, und Luca, vier Jahre) und das Glück, in einer italienischen Umgebung, gemeinsam mit meinem Ehemann, eine sehr schöne Familiensituation erleben zu dürfen, hilft mir. Sie gibt mir einen Ausgangspunkt, ich schaue mir meine Kinder an und erlebe, wie sie ihren „Vater" erleben und erlebe durch sie tagtäglich meine eigene Kindheit.

Für mich, als kleine Judith, gab es einen *Alltagsvater* und einen *Ferienvater*.

Der *Alltagsvater* war sehr eingenommen von seiner Arbeit, seinen vielfältigen Aufgaben. Verständnis für den Ehrgeiz, diese Hingabe, die Wichtigkeit, nicht einmal die Notwendigkeit konnte ich aufbringen. Die Arbeit nahm uns seine Zeit, seine Geduld, ja seine ganze Person.

Ich genoß hingegen unsere Wochenenden sehr, die im großen und ganzen der Familie gehörten. Die gemeinsamen Mahlzeiten waren Möglichkeit des Austausches, an dem meinem Vater sehr gelegen war. Ein offenes Ohr zu finden, war ein wichtiges Gefühl – auch wenn ich es, abhängig von entsprechenden Entwicklungsphasen, nicht immer alles annehmen konnte.

Ein weiterer Teil der Wochenendgestaltung nahm der allsonntägliche Kirchgang ein. Ich bin dankbar, an die Kirche herangeführt worden zu sein. Durch meinen Vater bzw. meine Eltern habe ich eine gute religiöse Grundlage erhalten.

Die Abende wurden gerne im Familienkreis gestaltet – still und bedächtig. Die „Geschichte" war Inhalt unseres Beisammenseins. Kindheitsgeschichten meiner Eltern, Geschichten ihrer Heimat. Sie sind mir noch heute in bester Erinnerung, und ich sehe, daß es nun meine Kinder sind, die großes Interesse an Opas und Omas Geschichten haben. Dadurch wurde mir das Nachfragen der Vergangenheit des einzelnen Menschen nahegelegt.

Der *Ferienvater* war für mich ein ganz anderer Mensch: sehr kindnah, Burgen bauen, Schwimmen und Radfahren lernen, Spaziergän-

ge in Opas Wald, Gartenarbeit bei Opa und Oma, Waldbeeren pflük-
ken und das Reisen in die benachbarten Länder, die unseren Horizont erweiterten.

Jetzt erlebe ich meinen Vater in der dritten Lebensphase als Vater,
der stark den Kontakt zu uns Kindern sucht, die in drei verschiedene Länder verstreut sind. Ich erlebe großes Interesse, an unserem
Leben teilzuhaben. Vor allem erlebe ich ihn als Opa meiner Kinder.
Opa und Oma nehmen eine enorme Wichtigkeit bei den beiden kleinen Persönlichkeiten ein. Sie sind sich sehr nah, mit großer Feinfühligkeit und Begeisterung. Das tollste ist vielleicht zu sehen, wie die
Dinge, die mein Vater uns versucht hat nahezulegen, von den Enkeln
wahrgenommen werden.

Sicherlich ist dieser kleine Beitrag in seinem Werk eine Gelegenheit
zu danken. Auseinandersetzungen gab es zahlreiche, doch die
Grundstimmung ist und bleibt unvergeßlich.

Judith

Wenn Eltern über das Loslassen der eigenen Kinder sprechen, kann
ich mich einbringen. Heute nicht mehr nur schmerzlich und unter
Tränen, sondern auch ein Stück erleichtert, daß es ihre Entscheidung
ist und ich als Vater kein Recht habe, sie an mich zu binden, ihre
Kreise zu durchkreuzen.

David

Nach der Promotion 1982 meinte ich, mit 52 Jahren noch einen neuen Anfang, eine neue Aufgabe zu wagen. Ich wollte in die alte Heimat, ich wollte heimkehren. Das bedeutete aber, von Hannover weg. Diese Entscheidung fielen Anita und David nicht leicht. Anita gefiel es im Norden so gut, daß sie hätte bleiben können. David hat unter dem Wegzug Hannover – Eifel gelitten, das ging mir später richtig auf.

Er ging zum Hermann-Josef-Kolleg, ein Gymnasium in der Trägerschaft der Salvatorianer. Ich setzte große Erwartungen an diese Schule. Mit jedem Jahr tat sich David dort schwerer. Die Leistungen von Hannover erbrachte er nicht mehr. Er lernte nur soviel, daß er jedes Jahr das Klassenziel erreichte. Gute Freunde hatte er nicht. Jede freie Minute fuhr er nach Aachen zu Judith und Frank. In den Wintermonaten konzentrierte er sich auf das Skilaufen. Bald kannte er sich in den Bergen der Schweiz aus. Mit Hilfe von Frank wurde er sicherer auf den Brettern. Wenn es mir möglich war, nahm ich ihn auf meine Reisen mit. Nachdem er den Führerschein erworben hatte, wurde er mein Fahrer.

Auf diesen Reisen lernte er die Dome seiner Heimat kennen. Ob durch diese Besuche seine Liebe zur Kunst gewachsen ist, kann ich nicht beantworten. Durch seine Unzufriedenheit im Gymnasium machte er es seinen Lehrern nicht leicht. Er wußte sich zu wehren und entwickelte ein übertriebenes Gerechtigkeitsgefühl.

Von David gab es manche Auftritte, die ich mit ihm gemeinsam zu beruhigen versuchte. Die Erlösung kam für ihn nach dem bestandenen Abitur. Nach der Feier startete er sofort mit Judith nach Sizilien. - Nach seiner Rückkehr holte er mich eines Tages von der Fachhochschule ab. Am Schwarzen Brett hatte er eine Notiz entdeckt: „Sprachkursus in Palencia". Er fragte mich, ob ich damit einverstanden sei, wenn er diesen Sprachkurs besuche. Ich willigte ein. Mit seinem Freund Roland bastelte er einen von der Deutschen Bundespost erworbenen VW-Bus zu einem Wohnmobil um. Dann brachen sie auf. Nach vier Wochen kehrten beide wohlbehalten zurück. David war von den Anfängen der spanischen Sprache so angetan, daß er um eine Wiederholung und Vertiefung bat. Jetzt ging er alleine nach Salamanca. Zurückgekehrt eine erneute Bitte: „Ich möchte in

Spanien studieren". Voraussetzung war, trotz Abitur, eine Zulassungsprüfung an der Universität. Diese Prüfung galt ebenso für alle Spanier. In einem einjährigen Kurs bereitete er sich an der Universität in Salamanca vor. Die Prüfung bestand er weit besser als sein Abitur. Für ihn war die Entscheidung gefallen: Auf nach Madrid.

Nur ganz allmählich konnten Anita und ich uns mit der Entscheidung zurechtfinden. Ein Prozeß erneuten Loslassens begann. Diesmal schmerzlicher als zuvor. Unsere Hütte wurde leer. Vom Verstand her brachten wir keine Begründung hervor, um ihn von seinem Vorhaben abzuhalten. Aber meine Gefühle sprachen eine andere Sprache. Ich lernte erneut, daß Gefühle Fakten sind.

David schrieb sich in der Universität Madrid für die Fächerkombination Geographie und Geschichte, später für Kunstgeschichte, ein. Mit großer Motivation begann er das Studium. In den Ferien kam er nach Deutschland, oder wir besuchten ihn in Spanien. Mit jedem Besuch wurde uns deutlich, wie er sich in diesem Land zurechtfand und es zu seiner neuen Heimat machte.

Er zeigte uns die Kostbarkeiten des Landes. Nicht nur Madrid, sondern auch Toledo, Salamanca, Santiago de Compostella und vieles mehr.

Bei einem späteren Besuch stellte er uns seine Freundin Gin vor. Wir lernten die Familie kennen. Seit dieser Stunde stimmten wir Davids Entscheidung auch innerlich zu. Sie heirateten, haben heute eine kleine Tochter, Flavia 4 Jahre, und gestalten nun gemeinsam den Alltag. Inzwischen hat David seine Examina gemacht und versucht, als Freischaffender und Gin als Übersetzerin, das Brot zu verdienen. Leider spricht Flavia kein Deutsch. In der Familie wird nur italienisch oder spanisch gesprochen. Die deutsche Sprache, so glaubt David, wird Flavia später bei den Besuchen der Großeltern lernen. Meine große Motivation, die italienischen Sprachkenntnisse zu vertiefen, ist Flavia, ich will sie kennen und verstehen lernen.

Bei Davids letztem Besuch fragte ich ihn, wie er heute über seine Schulzeit und die alte Heimat denke:

„Die negativen Erfahrungen trage ich nicht grollend mit mir herum. Die Tatsache, daß kaum ein Lehrer mir die Freude zum Lernen vermittelt hat, stimmt mich oft nachdenklich", - so David. Eine Ausnahme erwähnte er allerdings, den Geschichtslehrer Lönarts.

Mein Vater

Seit mein Vater mich um diese Betrachtung bat, muß ich eingestehen, sind drei Monate vergangen, und nur unter Druck zwinge ich mich nun zu dieser Analyse.

Vom ersten Moment an hat diese Bitte meines Vaters eine grundlegende Analyse in mir hervorgerufen: „Wer war und ist mein Vater mir gegenüber, was hat er für mich bedeutet, in meiner Kindheit, Jugend und als Erwachsener?"

Unabhängig von allen auch sehr kritischen Gedanken und Meinungen über meinen Vater, möchte ich zunächst einen Dank an ihn aussprechen. Ich bin sicher, er hat in jedem Moment sein Bestes getan und keine Entscheidung oberflächlich getroffen.

Ich sehe zwei Vaterfiguren, die ganz eindeutig durch den beruflichen Werdegang gezeichnet sind: Die erste während der Berufstätigkeit und die zweite danach.

Für den ersten Vater war der Beruf und die Karriere an erster Stelle, wobei ich nicht zu sagen vermag, ob das nun wirklich eine überzeugte Wahl war oder einfach der Lauf der Dinge.

Trotz alledem habe ich während meiner Kindheit eine gute Erinnerung an ihn: Er war für mich der beste Vater, der er in seiner Situation und aus seiner Geschichte kommend hätte sein können.

Plötzlich wird diese Erinnerung aber unterbrochen. Als ich 13 Jahre alt war, zogen wir aus der Stadt auf das Land. Ich kam in eine sehr schwierige Phase meines Lebens, da war plötzlich mein Vater nicht mehr da. Er war so weit weg von meinen Fragen und Problemen.

Dieses Gefühl des Alleingelassen-Seins hat mich dann auch, sobald es möglich war, dazu gebracht, Deutschland und damit meinem Vater und meiner Mutter den Rücken zu kehren. Dieser Abschnitt stimmte aber genau mit dem neuen Abschnitt meines Vaters überein. Diese neue, zweite Vaterfigur suchte Annäherung an mich, versuchte auf mich einzugehen. Heute bemüht er sich sehr, mir und meiner Familie, wie auch meinen Geschwistern, nahe zu sein. Er hat Sehnsucht, zu erfahren und zu verstehen, was seine Kinder im Ausland suchen und gefunden haben. Die neuen Erlebnisse mit uns teilen zu können, gelingt ihm schwerlich.

Ich erinnere mich heute an meinen Vater oft mit Schuldgefühlen; erinnere mich daran, daß er unter meiner Abwesenheit und meinem

Abwenden von Deutschland leidet. Allein sehe ich ihn, ohne Freunde, oft unfähig, mit anderen Menschen in Beziehung zu treten. Ich erlebe aber auch, wie er darunter leidet. Sehe mit Freude dagegen, wie er heute meine Mutter mehr schätzt als je zuvor.

Immer mehr bestätigt sich das Bild in mir, daß er nicht für „diese Welt" gemacht ist, zu sensibel und die alltäglichen Lebensabläufe zu meistern, überfordern seine Kräfte.

David

David

Anita

Bei diesen Aufzeichnungen wird mir deutlich, welche Rolle Anita bei mir und den Kindern gespielt hat und noch heute spielt. Sie war und ist unsere Mitte.

Oft sprechen wir über den gemeinsamen Weg. Sie erwähnt immer wieder, wie glücklich ihre Kindheit und Jugend verlaufen sind. Dieses Glück hat sie geprägt. Sie hat viele Freunde, und die Freundschaften bestehen bis heute noch. Die lange Wartezeit, bis wir heiraten konnten, hat uns gereift. Diese Zeit der Prüfung ist sicherlich ein notwendiger Baustein für den Bestand einer dauerhaften Bindung. Ich weiß heute, daß ich ohne Anita meinen beruflichen Weg nicht geschafft hätte. Meine Verpflichtungen waren nur zu verkraften, weil durch sie ein „Zuhause" entstand, das mich immer wieder gerne nach Hause brachte. Es gab auch manche kritischen Zeiten, die wir aber immer gemeinsam gemeistert haben. Viel mußte sie allein sein. Ihre Besonnenheit hilft mir auch heute noch, mit Entscheidungen behutsamer umzugehen.

Gemeinsame Interessen: Musik, viel stille Zeiten, gemeinsame Gebete, helfen, den Tag mit einer besonderen Intensität wahrzunehmen, der für Allgemeinplätze wenig Raum gibt.

Die Kinder fragen meistens Anita um Rat, wenn sie eine Entscheidung zu treffen haben. Aufgaben, die für den normalen Ablauf des Alltags getan werden müssen, nimmt sie mir ab. Besorgungen, die ich leisten kann, versuche ich zu erledigen.

In den letzten Sommerferien in Circeo feierten wir unseren 40. Hochzeitstag. Ich habe ihr gesagt, daß ich mir eine so liebevolle Frau gar nicht hätte vorstellen können. Ob ich sie verdient habe, kann ich sicherlich erst am Ende meiner Tage beurteilen.

Oft überfällt mich heute eine tiefe Dunkelheit. Die Ursache haben viele versucht, zu erklären. In wichtigen Augenblicken wird das Licht, die Kerze, von Anita angezündet. Oft spüre ich in mir Dankbarkeit, sie hat bei mir wie ein Gast Besitz eingenommen.

Anita danke ich für all das Schöne in meinem Leben. Ich erfahre, daß Dankbarkeit befreit, und werde wach für einen ganz anderen Reichtum. Hoffentlich erreiche ich den Tag, wo ich ihr für alles danken kann, was sie mir geschenkt hat.

Anita

Ausklang ...

Am 02.09.2000 werde ich, so Gott will, 70. Jahre alt. Hier fällt mir der Psalm 90 „Der Mensch vor Gott" ein:

> „ ... Die Zeit unseres Lebens ist siebzig Jahre,
> achtzig sind schon erstaunlich,
> und das meiste davon ist Mühe und Qual:
> Es fliegt schnell vorüber, und wir sinken in die Nacht...
> Darum laßt uns erkennen,
> welche kleine Frist uns gesetzt ist,
> denn so nur kommt Einsicht."

Meine Aktivitäten lassen nach. Jeden Tag ziehe ich mich ein wenig mehr zurück. Meine Aufmerksamkeiten konzentrieren sich auf Anita, die Kinder und auf die kranken Menschen in unserer Umgebung. Viel Aufmerksamkeit widme ich dem Gebet: Den Psalmen, den Weisungen der Väter, dem Mönchtum und den geistlichen Texten von Karl Rahner.

Einen Freund, den ich so nennen kann, habe ich seit dem Tod von Martin Mayenberger und Helmuth Kappes nicht mehr.

Soweit es geht, bringe ich Ordnung in den Tag. Schwimmen, wandern gemeinsam mit Anita. Die Tage sind kurz, und ich konzentriere mich immer nur auf eine Sache. Verzettelungen kann ich nicht verkraften. Das Geschwätz der Straße meide ich.

Ich richte mich in meiner Hütte am Rande des Waldes ein. Von diesem Rückzug erhoffe ich Frieden.

Nun bin ich in meiner Lebensbeschreibung noch einmal den Weg durch all die Jahre gegangen. Einiges habe ich festgehalten, längst nicht alles. Ich wollte noch einmal an die Menschen denken und ihre Namen nennen, mit denen ich ein Stück des Weges gegangen bin. Ich wollte mich an die Worte der Menschen erinnern, die mich in den Stunden der Dunkelheit und Angst begleitet haben. Ich habe viel gefragt und nach dem Sinn des Lebens gesucht. Die Last meines Versagens und Versäumten quälen mich immer noch. Meine Träume sind verflogen. Unsere Familie habe ich trotz aller Stürme als Hafen der Geborgenheit erlebt.

Wenn ich jetzt noch eine Zusammenfassung versuche, nehme ich mir die Kurzgeschichte von Franz Kafka zur Hilfe. Mit seiner Sprache wird meine Intention, die ich mit den Stationen noch einmal aufleuchten wollte, in einer großen Dichte verständlich.

Dazu aber ein paar Vorbemerkungen:

- Kafka ist Jude, der sich von der religiösen Tradition seiner Väter emanzipiert hat, aber trotzdem noch in den Begriffen des Judentums lebt und argumentiert. Wenn in der Kurzgeschichte vom „Mann vom Lande" die Rede ist, dann ist dieser Mann vom Lande nicht ein Bauer, sondern ein „Mann vom Lande" soll die Übersetzung von „Adam" sein. Adam ist der Mensch schlechthin, das ist Kafka selbst, das bin ich.

- Ein anderer Begriff, der aus dem jüdischen Horizont erklärt werden muß, ist der Begriff des Gesetzes. Für den Juden ist Gesetz der Inbegriff des Gotteswillen, und der Inbegriff der Geborgenheit des Menschen bei Gott. Wenn der Mensch das Gesetz also hält, dann ist er in der Hand Gottes, dann ist er glücklich, dann hat er Frieden.

Und nun die Kurzgeschichte:

„Eines Morgens kam der Mann vom Lande in die Stadt und an den Palast, der mitten in der Stadt steht und in dem das Gesetz aufbewahrt ist. Er kam an das Portal und wollte hineingehen. Vor der Tür aber stand ein Türhüter. Dieser versperrte den Eingang und sagte: ‚Ich kann dich jetzt nicht hineinlassen!' Der Mann vom Lande wartete ein paar Stunden; als sich aber nichts regte, da schrie er den Türhüter an und rief: ‚Wann kannst du mich denn hineinlassen?'

Der Türhüter gab ganz unbeteiligt zur Antwort: ‚Das kann ich dir jetzt nicht sagen.' Da packte den Mann vom Lande die Wut; er ging auf den Türhüter zu, ergriff ihn und versuchte, ihn auf die Seite zu drücken, um sich den Eingang zum Gesetz zu erzwingen. Aber der Türhüter lachte nur und sagte: ‚Ich bin mächtig. Du wirst mich auch keinen Finger breit von dieser Tür wegrücken können. Und selbst wenn dir das gelingen würde! Nach diesem Portal kommt ein zweites Portal, vor dem wieder ein Türhüter steht; der ist noch mächtiger als ich. Nach dem zweiten Portal kommt ein drittes. Der Türhüter des dritten Portals ist so groß, daß ich nicht einmal den Anblick dieses dritten Türhüters ertragen kann. Wenn du also auch an mir vorbeikommen würdest, unmöglich ist es dir, mit Macht hineinzukommen in den Palast, wo das Gesetz ruht.'

Da sah der Mann vom Lande ein, daß mit Gewalt nichts auszurichten sei, und er machte sich darauf gefaßt, daß er hier an dem Portal länger warten müsse. Er setzte sich nieder und ließ aus seinem Dorf Decken kommen, er ließ Verpflegung kommen. Es verging ein Tag, es verging eine Woche, es vergingen Monate.

Nun ersann er andere Mittel, um den Wächter zu bewegen, ihn in den Palast einzulassen. Er ließ sein ganzes Vermögen kommen, gab dem Türhüter immer wieder Geld und sagte: ‚Wenn ich dir das gebe, dann laß mich doch bitte hinein.' Der Türhüter nahm all das Geld, aber er sagte: ‚Ich nehme alles nur deswegen an, damit du dir später nicht vielleicht den Vorwurf machst, du hättest etwas unversucht gelassen, um hineinzukommen zum Gesetz.' Das Geld wanderte in die Tasche des Türhüters, und der Mann vom Lande kam nicht in den Palast hinein. Jahre vergingen; endlich verlegte sich der Mann vom Lande aufs Bitten und aufs Betteln. Er bat den Türhüter, er möchte ihn doch hineinlassen. Der hörte sich alles an, rührte sich jedoch nicht von der Stelle.

Endlich kam die Stunde, da der Mann vom Lande sterben sollte. Seine Augen waren bereits etwas dunkel geworden, und je mehr sich sein Augenlicht trübte, um so mehr glaubte er – war es eine Illusion oder war es Wirklichkeit – daß aus dem Portal, vor dem er saß, ein Glanz käme. In seiner letzten Stunde winkte er mit letzter Kraft den Türhüter an sich heran, dieser mußte sich schon tief herunterbeugen über den sterbenden Mann, um die Stimme noch zu hören und ihn noch zu verstehen, und fragte: ‚Sag mal, jetzt warte ich mein ganzes Leben lang vor diesem Portal, um hineinzukommen zu dem Gesetz. Warum kam während der ganzen Zeit nur ich allein und niemand sonst?' Der Türhüter gab zur Antwort: ‚Diese Tür war ganz alleine für dich bestimmt und schau, was ich jetzt tue: Ich gehe hin und schließe die Tür zu!' In diesem Augenblick stirbt der Mann vom Land."

Der Mann vom Lande bin ich. Ein ganzes Leben wollte ich in diesen Palast ...

In den Anfängen des Weges versuchte ich es oft mit drängender Kraft. Später, besonders in den letzten Jahren, mehr mit Betteln. Meine Erfahrung zeigt, zu der letzten Erfüllung kommst du auf dieser Erde nicht. Im Grunde war ich immer draußen. Aber von einem letzten Glück habe ich hinter den ungelösten Fragen immer gelitten. Aber meine schon früh gestellte Frage: Was ist wichtig?, wird dringender.

Ohne das bewußte Sich-Loslösen von geliebten Irrwegen gibt es auf Dauer hin keine wirksame Orientierung. Das Loslösen hat den Charakter des Schenkens, die Uhr beginnt eine andere Stunde anzuzeigen.

Orientierung hat etwas mit dem Ausstrecken nach dem Kostbaren zu tun. Eine Orientierungshilfe war in den letzten Jahren Karl Rahner. In dem kleinen Büchlein von der Not und dem Segen des Gebetes (Herder, 1977) spricht er von den Taten des Herzens: „Es gibt Dinge des Menschen, Taten des Herzens, von denen jeder glaubt, er kenne sie, weil alle davon reden, er kenne sie, weil sie offenbar so einfach sind. Aber diese selbstverständlichen und einfachen Taten des Herzens sind die schwersten. Aber nur langsam lernt der Mensch sie. Wenn er sie am Ende seines Lebens kann, dann war sein Leben köstlich und gesegnet. Zu diesen Taten des Herzens gehören die Güte, die Selbstlosigkeit, die Liebe, das Schweigen, das Verstehen, die vielen Freuden und das Gebet."

Vor einigen Jahren fragte ich einen älteren Professor in Madrid: Verraten Sie mir doch einmal das Geheimnis Ihrer Zufriedenheit! Der Professor: „Ich bete viel und glaube."

Am Ende eines Beichtgespräches in Köln sagte mir der Priester: „Ihr Lernziel heißt heute Ewigkeit."

Ich bete mit den Söhnen und Töchtern des heiligen Benedikt: „Klo-
ster-Gebet am Rande der Stadt:

Jemand muß zu Hause sein,
Herr,
wenn du kommst.
Jemand muß dich erwarten,
unten am Fluß vor der Stadt.
Jemand muß nach dir Ausschau halten,
Tag und Nacht.
Wer weiß denn, wann du kommst?
Herr,
jemand muß dich kommen sehen,
durch die Gitter
seines Herzens,
durch die Gitter.
Durch die Gitter deiner Worte,
deiner Werke,
durch die Gitter der Geschichte,
durch die Gitter des Geschehens,
immer jetzt und heute,
in der Welt.
Jemand muß wachen
unten an der Brücke,
um deine Ankunft zu melden,
Herr,
du kommst ja doch in der Nacht
wie ein Dieb.
Wachen ist unser Dienst,
wachen.
Auch für die Welt,
sie ist oft so leichtsinnig,
läuft draußen herum,
und nachts ist sie auch nicht
zu Hause.
Denkt sie daran, daß du kommst?
Daß du ihr Herr bist
und sicher kommst?

Jemand muß es glauben,
zu Hause sein um Mitternacht,
um dir das Tor zu öffnen
und dich einzulassen,
wo immer du kommst.
Herr,
durch meine Zellentür
kommst du in die Welt
und durch mein Herz
zum Menschen.
Was glaubst du täten wir sonst?
Wir bleiben, weil wir glauben.
Zu glauben und zu bleiben
sind wir da.
Draußen am Rande der Stadt.

Herr,
und jemand muß dich aushalten.
dich ertragen,
ohne davonzulaufen.
Deine Abwesenheit aushalten,
ohne an deinem Kommen zu zweifeln.
Dein Schweigen aushalten
und trotzdem singen.
Dein Leiden, deinen Tod mit aushalten
und daraus leben.
Das muß immer jemand tun,
mit allen anderen und für sie.

Und jemand muß singen,
Herr,
wenn du kommst!
Das ist unser Dienst:
Dich kommen sehen und singen.
Weil du Gott bist,

weil du die großen Werke tust,
die keiner wirkt als du.
Und weil du herrlich bist
Und wunderbar wie keiner.

Komm, Herr!

Hinter unsern Mauern
unten am Fluß
wartet die Stadt auf dich

Amen

Silja Walter